市场营销名校名师
新形态精品教材

U0589624

大数据营销
方法、工具与实例

微课版

王晓玉 任立中 ◉ 著

Big Data
Marketing

人民邮电出版社
北京

图书在版编目（ＣＩＰ）数据

大数据营销：方法、工具与实例：微课版 / 王晓玉，任立中著. -- 北京：人民邮电出版社，2024.8
市场营销名校名师新形态精品教材
ISBN 978-7-115-64333-9

Ⅰ. ①大… Ⅱ. ①王… ②任… Ⅲ. ①网络营销－高等学校－教材 Ⅳ. ①F713.365.2

中国国家版本馆CIP数据核字(2024)第086027号

内 容 提 要

大数据营销已经逐渐成为包括工商管理学科在内的重要前沿课程之一。本书以作者原创的大数据营销理论和企业应用实例为主，系统呈现了大数据营销的理论、方法、工具与实例，是不可多得的兼具原创性与落地性的著作。全书分为7章，前3章明晰大数据营销的框架体系和数据类型，后4章分别围绕顾客价值衡量与动态监测、精准产品推荐、精准顾客画像三个主题从理论、方法、工具到实例逐一展开分析。

本书每一章都设置了学习目标、引例、课后习题，第4章至第7章还设置了实操练习，具有很强的理论性、实践性、操作性、针对性和可读性。

本书可作为工商管理类本科生和 MBA、EMBA、MEM 等的教材或参考书，也可作为企业中高级管理人员的培训教材和自学读物。

◆ 著　　　　王晓玉　任立中
　　责任编辑　刘向荣
　　责任印制　胡　南

◆ 人民邮电出版社出版发行　　北京市丰台区成寿寺路 11 号
　　邮编　100164　电子邮件　315@ptpress.com.cn
　　网址　https://www.ptpress.com.cn
　　北京隆昌伟业印刷有限公司印刷

◆ 开本：787×1092　1/16
　　印张：11.25　　　　　　　2024 年 8 月第 1 版
　　字数：182 千字　　　　　　2024 年 8 月北京第 1 次印刷

定价：49.80 元

读者服务热线：(010)81055256　印装质量热线：(010)81055316
反盗版热线：(010)81055315
广告经营许可证：京东市监广登字 20170147 号

前　言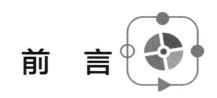

中国互联网和移动设备的普及以及电子商务的蓬勃发展使越来越多的企业拥有宝贵的大数据资产，整个社会已进入数字经济时代。数字化转型或数字化战略的实质应该是充分发挥数据的作用与价值。其中数字营销乃至大数据营销可以在短期内快速展现数字化转型结果，在企业内建立信心，有助于开展其他部门的转型业务并最终推动全局的数字化。作为与企业核心目标"盈利"离得最近的一环，获客/提高客户留存率以增收成为大多数企业的第一优先级工作。因此大数据营销已经受到越来越多的企业重视，成为现代企业不可或缺的一部分。大数据营销受到企业的持续高度关注同时也成为高校的关注热点，越来越多的大学开设了大数据营销课程。

笔者与任立中教授所著的《大数据营销》于2022年1月出版以来已经两年有余，该书因兼具原创性与落地性而独树一帜，受到读者的一致好评。

借着这本书的东风，笔者在大数据营销的企业培训、企业诊断与大数据分析等各方面更是全面开花。笔者受邀对银行、保险、烟草和石油等多个行业的企业开展大数据营销专题培训，并且先后为EMBA、MBA、MEM、学术型硕士生、本科生等开设大数据营销课程积累了丰富的企业应用实例和教学经验。

2022年4月，人民邮电出版社的编辑在该书出版后不久联系笔者，盛情邀请我们出版一本针对应用型院校的大数据营销教材，希望可以降低原书的理论难度，增加企业应用实例等。与此同时，该书出版后也收到部分读者反馈，认为其中的统计原理部分在理解上有一定难度，甚至让人望而却步，十分可惜。因此，在征得任教授的同意之后，我们正式启动了《大数据营销：方法、工具与实例（微课版）》的整理与撰写。

为方便高校教师的大数据营销课程教学，我们在每章的前面增加了学习目标，每章的后面增加了课后习题，以便为课程考试等环节提供便利。内容方面，书中增加了大数据营销定义和经典的营销理论框架，增强了内容的完整性与系统性。同时，减少了书中的统计原理内容，降低了学习难度。

全书分为7章，内容由浅入深，由理论到实践再到实操。其中前3章分别从大数据营销概论、大数据时代的营销战略、如何构建有效的客户关系营销数据库等三个方面构建本书的理论体系框架，明确数据类型及其应用。在第1章，笔者给出了企业大数据营销的定义，主张以企业为对象，以顾客行为等现有数据为抓手，在营销理论基础上借助统计理论，激活数据，提升顾客价值。第2章从经典的营销理论框架入手，强调大数据的整理与分析要以解决企业营销问题为目标，并借助经典的营销理论构建了统计模型并进行数据验证。第3章重点探讨如何构建有效的客户关系营销数据库，指出企业只有紧紧抓住三类数据，即顾客静态的基本信息、动态的行为数据及产品特征数据，这样才能万变不离其宗，真正实现大数据营销。这往往也是企业欠缺的。现在很多企业在搞数字化或建立数据中台等，不乏跟风或盲目建设情况，因此只有明确数据分析的目的和方法等，才能使这些系统的建设更加有效，真正把大数据资产转变为企业利润。

第4章至第7章为全书的重点，除了章前设置了企业应用实例，每章后还设置了若干数据实操任务，较好地实现了大数据营销的硬核落地。其中第4章"基于ARFM模型的顾客价值解析与策略运用"是任教授的原创理论。与传统的RFM模型用来衡量顾客价值和描述价值分群的现状不同，ARFM模型不仅可以更准确地衡量顾客的价值，更可以预测顾客的未来行为，甚至可以实时监测顾客的动态变化，做到提前锁定危险顾客并预警，有效防止高价值顾客流失。第5章"基于因素分析的购物篮分析"则区别于其他购物篮分析，表明通过探索性因素分析，不仅可以找到顾客购买产品的购物篮，还可以得到每位顾客对每个购物篮的购买偏好，做到精准产品推荐。该成果已应用于某银行的财富管理客户，通过三周的对照组分析，基于我们的因素分析的产品推荐成功率接近百分之十三，比原有方式百分之三的成功率高出十个百分点。第6章"基于联合分析的新产品推荐系统"则更上一层楼，将产品的共同属性与顾客的购买偏好结合起来，寻找顾客购买的原因，再通过二元罗吉斯回归分析加以验证。这使得企业不仅可以对新产品还可以对新顾客进行精准的产品推荐。第7章"基于CHAID的顾客分群锁定与画像"，与第4章遥相呼应，不仅可以找到最有价值的顾客和不同价值群的顾客作为目标市场，还可以描述其特征，即进行顾客画像。传统的顾客画像仍停留在千人千面等的表述上，传统的卡方检验或F检验逐一检验顾客某一个单项指标的差异，而CHAID可以同时对顾客的多项指标或标签加以检验，得到精准的顾客画像。据此企业不仅可以更精准地维护老客户，还可以更准确地开发新客户，做到精准营销。

特别感谢任立中教授对笔者的信任与支持。本书的每个重要阶段都离不开任教授的鼓舞与肯定。更多课程资料请与笔者（Email：104948334@qq.com）联系获取。

王晓玉

华南理工大学 工商管理学院

2024年6月

目　录

第1章 大数据营销概论

中国互联网和电子商务的蓬勃发展使大数据迅速而深刻地改变着一些行业。身处其中的企业若具备大数据分析和应用的能力，在激烈的市场竞争中就会如虎添翼。企业可以通过大数据分析洞察消费者需求，从而提供更有价值的产品和服务，为营销提供更科学的决策依据。营销有其哲学的思维和科学的方法，而这在当今的大数据时代尤为重要。

营销究竟是一门艺术，还是一门科学？谈到营销，许多人联想到的是兼具美感和质感的包装设计、标新立异的广告方式、五花八门的促销策略、以客为尊的体验服务等。在招募营销人才的时候，营销创意能力与项目企划能力是企业首要考察的能力。换句话说，多数人眼中的"营销"侧重于各家品牌竞相使用的营销方式，或者营销人员向企业主管递交的企划方案。

如果营销只依赖营销人员或企业主管的直觉与经验，却缺少实际数据的支持，那么企业往往不会走得长远。营销大师菲利普·科特勒认为，关于现代营销，首先要做的就是分析。随着信息科技的发展与网络社交的兴起，企业能够轻易地积累大量且多元的数据，这些数据即为大数据。但问题在于，企业应该选择哪些数据进行分析？应该使用什么分析方法？应该如何解读分析结果，从而使其成为企业营销决策的依据？这些都是本书将要讨论的主题。

学习目标

【知识目标】

1. 理解大数据营销的定义。
2. 寻找合适的营销理论。
3. 掌握用营销语言解读统计模型的方法。

【素养目标】

1. 培养科学的大数据营销观念。
2. 建立营销理论与统计模型相结合的思维框架。

引例

方太"双十一"推广实例

厨房电器的更新频率较低，且随着竞争的白热化及消费者对健康和安全的关注度逐步提高，消费者对于厨房电器的选择逐渐趋于理性。在这样的背景下，作为高端厨房电器品牌的方太如何在竞争激烈的"双十一"活动期间大显身手，成功将消费者注意力引导至其天猫旗舰店并提升其产品销量呢？某年11月，方太携手互动通，通过丰富的富媒体广告及对互动通程序化广告营销平台的运用，开展"爱您所爱，万众期待"感恩回馈活动，为方太天猫旗舰店"双十一"活动预热并引流，这大大提升了方太当年"双十一"活动期间的销售业绩。下面从传播目标、投放策略、执行过程和投放效果4个方面来分析。

（1）传播目标。在优质网络媒体上宣传方太的品牌形象和产品信息，增加品牌曝光，巩固市场地位；通过优质创意，吸引消费者关注方太的相关产品，进行"双十一"活动预热，并实现引流，最终提升方太天猫旗舰店的"双十一"销量。

（2）投放策略。目标人群分析：方太通过前期搜集的数据分析受众网络行为，并借助人群数据库，将目标人群锁定为25～50岁有厨房电器购买需求的潜在人群，他们热爱生活、有一定的经济实力和品牌意识、追求高品质生活、向往舒适健康的生活环境、关注自己和家人的安全与健康、乐于享受生活、习惯通过网络获取信息和购物。技术选择：方太通过富媒体广告展示方太"双十一"推广信息，吸引目标人群；通过定向技术并配合程序化广告平台实现优化和锁定目标人群；针对目标人群的行为进行特征分析，并运用重定向等技术寻找潜在人群，实现批量引流。媒体挑选：方太在PC端选择与受众息息相关的新闻、财经、汽车、时尚、旅游等方面的门户网站，在移动端选择受众使用频繁的新闻综合、生活工具、休闲娱乐、在线视频等媒体进行活动信息投放。

（3）执行过程。前期筛选目标人群和投放广告：方太通过媒体、时间（每天8:30—23:00）、地域（全国一、二线城市）等方面的定向技术精准锁定目标人群并对品牌进行曝光；在人群数据库中寻找有家居、高端消费、奢侈品、厨电等兴趣标签的目标人群进行广告曝光；通过富媒体广告及PC端和移动端的优质媒体向核心人群投放方太"双十一"的感恩回馈活动信息，以吸引消费者点击并参与活动。中期实时优化：方太通过监测发现午间（13：00左右）广告点击率最高，所以调整中期PC端和移动端的投放策略，即增加此时段方太"双十一"活动在各类门户网站上的曝光力度，以保证广告投放的广泛性和有效性。后期实现目标人群引流：方太通过点击广告跳转到方太天猫旗舰店吸引消费者参与活动，使消费者在浏览中产生购买兴趣；展示热销榜的明星产品及促销价格，让消费者感受到方太"双十一"感恩回馈活动的促销力度，以促进购买。

（4）投放效果。投放周期为该年11月7日至12日，PC端曝光量为14 506 273次，点击量为287 966次，点击率达2.0%，远超行业平均值；移动端点击量为104 047次，点击完成率高达118.91%，广告实现超额投放并得到消费者的高效关注。广告投放期间，方太天猫旗舰店"双十一"当日销售额达到1.48亿元，同比增长70%。权威交易指数排行榜显示，方太天猫旗舰店在大家电行业销售额排名第八，在厨房电器行业销售额排名第一。方太不仅在销售额上创新高，在网购综合评价、流量转化率等方面取得的成绩也远超行业平均水平。

> **案例思考**
>
> 1. 请问在此次"双十一"活动中，互动通帮助方太做了什么？你觉得效果如何？
>
> 2. 本实例中是否提及方太实际的成本及收益？若没有，你预估会是怎样的状况？
>
> 3. 此次"双十一"活动之后，方太还可以做什么？该如何着手？

1.1 大数据营销的定义

互联网和电子商务的蓬勃发展带来了海量数据，我国已进入数字经济时代。国家互联网信息办公室（后简称"国家网信办"）2023年5月23日发布的《数字中国发展报告》显示，2022

微课堂

大数据营销的定义

年我国数字经济规模已经达到50.2万亿元，占国内生产总值比重提升至41.5%，总量居世界第二；我国数据存储量全球占比达14.4%。如何利用丰富的大数据实现其价值，是我们最关心的主题，本书从营销角度探讨大数据，其中大数据包括行业大数据、网络社群大数据和企业大数据等不同视角。

本书采用企业大数据视角。企业要想直面机遇与挑战，就需要掌握大数据营销的哲学思维和科学方法。大数据营销绝不等于"杀熟"，更不是各种推销。本书给出的大数据营销的定义如下：大数据营销是主要基于企业（包括各种互联网企业、众多实体企业）自身的顾客行为大数据，结合经典营销理论构建恰当的统计模型，并借助各种计算机软件进行数据分析，精准锁定目标顾客，科学制定企业营销决策并指导后续营销活动的一系列过程。

数字化转型或数字化战略的实质应该是充分发挥数据的作用与价值。企业只有做到洞人心扉（Read people's mind）和动人心扉（Touch their soul）才能实现顾客价值创造，这需要企业有较强的数据分析能力和营销能力。本书将围绕上述主题，并以笔者亲手诊断和分析的多个行业的多家本土企业为例，深入浅出地讲解企业如何利用大数据实现精准营销。

1.2　建立营销数据库

早在20世纪80年代，由于计算机系统的构建成本逐渐降低，企业开始有能力在日常运营过程中大量使用计算机。管理信息系统的导入有助于企业将日常运营数据可视化，并建立各个数据库。管理信息系统常用于工厂的物料管理、人事的薪酬管理及会计的财务管理。然而，对于纯粹以营销为目的而建立的数据库，许多企业几乎是没有的。营销部门想要进行数据分析的时候，必须到处向其他部门要数据。例如，向财务管理系统获取销售收入、广告费用等数据，向物料管理系统获取产品库存数据,向薪酬管理系统获取销售代表的佣金数据等。可以想象的是，这些数据在设计之初并不是为了实现营销目的，因此营销人员往往掌握不到决策所需的关键信息。

营销人员应明确制定策略需要哪些数据，避免因误用不适当的数据而导致决策失误，从而造成损失。例如，广告活动常常需要消耗大量资金，却又不像促销活动那般立竿见影，因此对广告效果的评估非常重要。常见的做法是从财务部门获取过去两三年每个月的广告费用与产品销售量的数据，再以二者的相关程度作为广告效果的评估指标。然而，会计账目中的广告费用所代表的广告活动，与营销人员真正想要评估的广告活动在时间上有落差。通常广告活动先推出，广告费用在三五个月之后才会登记在会计账目中。换句话说，营销人员获取的广告费用如果是按照会计准则录入财务数据库的，那么其录入时间就会落后于广告活动的真正推出时间，因此根据其录入时间找到的产品销售量与广告活动根本没有关系。针对两个毫无关系的数据，就算是使用再好、再复杂的统计分析方法，得到的答案也是错的，无助于营销决策。

因此，获得有效营销决策信息的关键在于建立一个以营销为目的的数据库。然而，专门以营销为目的而建立的数据库到底是什么样的？这个数据库需要整合哪些变量？有了营销数据库之后，还要使用正确的分析模型，只有这样才能获得有助于营销决策的信息。本书将在第3章说明营销数据库应包含客户基本静态数据文件、客户动态的交易数据文件（包括交易日期数据文件与产品特性编码文件）等。营销数据库拥有的客户人数与变量个数越多，执行客户关系管理的效益就越高。

1.3 寻找合适的营销理论

面对营销决策问题时，企业一定要先找到一个合适的营销理论，如市场细分理论、市场定位理论、消费者行为理论等，再根据营销理论去解释这个营销决策问题背后可能会有哪些解决方案。例如，企业想要推出一个促销活动，需要锁定具有哪种行为的消费者才会有效果：是购买前会进行深思熟虑的理性消费者，还是常有冲动性购买行为的消费者？由于促销活动的目的是借助刺激因素促使消费者提前购买或更多购买，也就是使消费者做出非计划性的购买行为，因此企业锁定常有冲动性购买行为的消费者应该比较有效。

接下来要思考的是，企业如何从内部的营销数据库中挑选出常有冲动性购买行为的消费者，进而建立促销对象名单。最佳做法是根据消费者行为理论，检查存储于营销数据库中的购买记录，分析哪些变量（如购买时间、购买种类、购买数量等）符合冲动性购买的定义或是其影响因素。如果营销数据库中没有现成的变量，企业就必须自行构造一个新指标去衡量冲动性购买倾向。例如，银行根据信用卡客户的消费内容，将客户的直播购物行为，即客户因带货主播的语气语调与促销手法所诱发的非计划性购买行为认定为冲动性购买行为。据此，银行进一步对客户的购买记录进行分类：直播购物金额所占的比例越高，代表客户的冲动性购买倾向越强，该客户越适合作为银行执行促销活动（如满额赠礼）的目标对象。

从整个逻辑来看，不管是大数据营销还是数据库营销，都是在做营销，只是其处理的数据形态与一般的问卷调查或深度访谈的数据形态有很大的不同。因此，找到合适的营销理论是进行大数据营销的首要步骤。有了理论基础，企业才能掌握营销数据库应有的变量与架构，也才能进一步建立合适的统计模型进行数据分析。第2章"大数据时代的营销战略"将说明4种营销观念，探讨消费者行为的异质性和动态性，第2章是构建营销数据库架构的理论基础。企业只要能够驾驭庞大的营销数据库，正确预测每位消费者的行为特性，以此为依据制订营销创新策略，就能掌握商机与主导权。

1.4　用营销语言解读统计模型

市面上有非常多的书籍与网络视频在介绍大数据分析，但大都避谈其中的关键点——分析。对于如何进行大数据分析，很少有书籍或网络视频做详尽的说明。谈到分析，很多人想到的是使用统计模型去做数据分析。其实，统计模型只是一种死板的公式，如果没有用营销语言进行解读，统计模型就无法发挥真正的作用。

以统计中常见的概率分布为例，如图1-1所示。如果使用统计语言来解读，我们就会强调这两条曲线均左右对称，呈正态分布，其位置与离散程度分别用平均数（μ）与标准差（σ）来表示，概率曲线公式是一个正态概率密度函数。这样的分析说明对于解决营销问题其实没有太大的帮助。

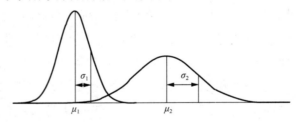

图1-1　两个概率分布示意图

如果用营销语言加以解读，我们就可以从消费者行为的角度，说明这两种概率分布情况其实代表的是两类消费者行为的异质性。例如，左边的曲线比较高窄，代表这个市场的消费者行为很相似、同质化，因此这个市场上的营销策略的执行效率会比较高。相应地，右边的曲线就比较扁平，表明消费者行为的差异程度明显大于前者（$\sigma_2 > \sigma_1$），代表这个市场的消费者行为不相似、异质化，企业要想在这个市场上开展营销活动就有必要再进行更深入的市场细分，以提升数据分析的准确性与营销策略的有效性。

也就是说，如果能以营销语言解读分析结果，就能将死板的数据转换成鲜活的市场现象，使其更具有营销意义。从第4章起，本书将分别针对顾客价值分析、购物篮分析、新产品推荐、顾客画像等营销主题，说明如何选取营销数据库中的数据及使用适当的统计模型进行数据分析，最后再以营销语言解读数据分析结果，赋予其营销意义。

1.5 符合行为模式的统计模型

在谈到预测的时候，传统观点主张使用时间序列模型，也就是根据资料的历史变化预测其未来趋势。这种做法有效的前提是未来的波动是过去的延伸，也就是说，外在环境处于一个稳定的状态，或者外在因素对于现象的影响纯粹是随机的，不具备系统性。事实上，每一个时间点的数据都反映当时的、特定的市场结构特性，而市场结构特性是会变化的。例如，去年3月与10月的销售量虽然相同，但二者背后的市场结构特性可能是完全不一样的。如果只是基于销售量相同就说这两个月有一样的消费或竞争现象，显然是不合理的。

因此，在进行预测之前，我们除了观察现象本身的时间变化，更应该根据理论找出可能的影响因素。以预测黄金价格为例，如果只根据黄金的历年价格波动去预测其未来价格变化趋势，则只是用变量本身来解释其行为，完全忽略了其他因素的影响。如果从经济理论的角度来解释黄金价格的波动，就会发现美元汇率是一个影响因素。例如，美元贬值时，大家可能会抛售美元、转去购买黄金，这会造成黄金价格上升。如果从消费者行为的角度来看，消费者情绪可能也是一个影响因素。例如，消费者投资黄金的正面情绪越高，就会越想购买黄金，进而促成黄金价格的提升。虽然情绪是一个抽象且不易衡量的概念，但我们也可以尝试通过多种渠道搜集有关黄金的新闻、评论，使用文本挖掘法来构建一个情绪指标，衡量在每一个时间点，消费者对于投资黄金的情绪是以正面情绪为主还是以负面情绪为主，从而预测黄金价格。

根据理论找到适当的影响因素之后，接下来就是搜集对应的资料。这些资料包括传统的结构化问卷调研结果与实验结果，以及营销数据库中的数据、大众媒体报道、网上评论等。有了资料之后，接着就要选择恰当的统计模型。越简单的统计模型被使用的频率越高，但大多数统计模型的前提假设往往与现实情况不一致。例如，时间序列模型的前提假设是行为变量只受过去的自身行为所影响，忽略其他因素的影响。本书从第4章开始先介绍简单模型的假设与限制，后面各章再逐步介绍更为一般化的统计模型。

1.6　一对一营销

为了提升营销策略的执行效率，企业往往会先选定一个目标人群，再根据消费者的习惯和特性来制定营销策略。那么，企业该如何挑选目标人群呢？较常见的一种做法是先进行大样本的问卷调查，对客户的习惯、特性与想法进行搜集之后，再试图根据一些准则去建立细分市场（请参考第7章），并从中挑选出最具获利性的目标人群作为营销对象。然而，即使进行了大样本的问卷调查，最后被定义为目标人群的最多只有几百人。根据分析结果，企业也许可以大致了解目标人群的喜好，却无法了解这些人更详细的信息。企业只能寄希望于通过大众媒体或实体营销手段将产品信息传递给目标人群，进而促进其做出购买行为。

在这个强调大数据或海量数据的时代，所有企业都期盼实现定制化营销、精准营销或一对一营销，进而提升营销效率。然而，确保拥有海量数据就是实现一对一营销的关键吗？现在受到热烈讨论的数据挖掘工具，的确是用于处理海量数据的，但它们沿用的是传统的分析方法，即先对海量数据进行抽样，再根据样本分析结果去推论整个市场的特性。换句话说，数据挖掘工具最多只能用来建立细分市场，无助于实现一对一营销。

当营销策略只聚焦在一位客户身上的时候，企业只需考虑该客户的特质与购买记录，不必考虑其他客户。这是因为每位客户都是一个独立的个体，某个客户的行为习惯与营销数据库中的其他客户无关。如果一次性地分析所有客户的资料，很可能会减弱统计推论的有效性，也难以使用营销语言准确解读分析结果。

大数据的可贵之处是容许企业去了解每位客户的行为特征与需求，以及具体生活在哪个角落。一旦锁定目标市场，企业就有能力找到每一位客户，并进行一对一的触达。其实，是否拥有海量数据并不重要，因为从个人的角度来看，每位客户的购买记录都是稀少的。就算是与企业有频繁交易往来的忠诚客户，也只有近期的购买记录才值得用于分析，因为距今越远的数据越难用于对未来进行有效的预测。如果企业想要针对特定品类或特定行为进行分析，那么个别客户可用的资料就更少了。例如，3C类产品的范围非常大，小到电池，大到空调，客户的购买内容也是如此。企业如果想要做空调促销活动，就可能会发现营销数据库中购买过空调的客户不到10%，而这些客户近3年的购买次数很可能不是0就是1，这其中有用的数据可以说是少之又少。

因此，大数据营销并不只是说说而已，还必须能够实际操作。企业应先根据营销理论去描述可能的客户行为，以此界定营销数据库中应该包含哪些变量，这样才有利于数据的积累。有了数据之后，还必须选择拥有符合客户行为的前提假设的统计模型，这样才能预测客户在不同情境下会有哪些购买行为。企业还必须有能力根据预测结果制定有创意的营销策略。因此，能够成功执行大数据营销的人才，不仅须具备数据与软硬件的信息管理能力，还必须具备营销理论知识与统计分析能力。换句话说，大数据营销是一门兼具科学与艺术的学问，其最终目的是制定精准的营销创新策略，提升营销效率，强化客户关系。

课后习题

1. 大数据营销的定义是什么？
2. 为什么要构建营销数据库？
3. 用营销语言解读统计模型的重要性何在？

第2章 大数据时代的营销战略

　　找到合适的营销理论是开展大数据营销的首要前提。有了合适的营销理论，营销人员才能针对营销决策问题，有逻辑地思考可行的解决方案，进而决定从营销数据库中抽取哪些变量进行数据分析。本章分别从经典的营销理论框架、大数据时代营销战略的决策模式变化、营销思维等方面介绍营销理论的范畴与内涵，以便为读者学习后续各章奠定理论基础。

学习目标

【知识目标】

1. 理解经典的营销理论框架。
2. 把握大数据时代营销战略的决策模式变化。
3. 掌握消费者行为的异质性和动态性。

【素养目标】

1. 培养科学的大数据营销决策观念。
2. 建立基于消费者行为的异质性与动态性的思维框架。

引例

基于消费者价值的数据分析助力B2B企业制定更科学的营销战略实例

笔者从2020年开始接触的广东省某科技型创业公司是拥有多项国家发明及实用新型专利的优秀民营企业，分别在3个城市建立了总部、先进研发中心和加工制造中心。该公司作为先进的等离子体纳米防护技术解决方案提供商，可解决消费者在电子、电器类设备的防潮、防水、防腐等方面的问题，主要业务涉及小家电、连接器、电子烟和电声产品等4个行业。

笔者团队基于该公司近一年所有的销售明细，计算了每位消费者的购买频次和平均购买金额并分别取其中位数，将消费者分为忠诚、金牛、常购和游离等4个价值群。其中，忠诚消费者的平均购买频次最多（高达11次）且平均购买金额较高（高于10万元），这两个数据分别统计自电声产品和小家电行业。这与该公司原来仅以购买金额作为消费者分类依据得到的结果并不完全一致。例如，某个消费者原本被归类为公司最重要的消费者，但在我们的分析中，他仅是具备最高的平均购买金额的消费者；而原本被认为重要程度居中的两位消费者，在我们的分析中却是值得公司高度重视的忠诚消费者，公司应投入更多的精力对其进行重点维护，并在后期根据其需求对产品做更精准的定位。可见，大数据时代的营销战略必须与时俱进，这有助于公司对现有消费者进行更科学的分类管理，也有助于新客户的开发，为公司赢得更多商机。

📋 案例思考

1. 你所在的公司如何对消费者进行分类？效果如何？
2. 上述案例对你是否有所启发？

2.1 经典的营销理论框架

经典的营销理论框架"3C+STP+4Ps/7Ps"是经过50多年实践检验的理论成果（见图2-1）。该理论框架主要包括营销环境分析、营销战略制定、营销策略制定和实施这4个部分的主要内容。其中，营销环境分析主要是针对营销机会进行分析，可以分别从消费者（Customer）、能力（Capability）和竞争（Competition）即3C入手。在此基础上制定的营销战略，具体包括市场细分（Segmentation）、目标市场选择（Targeting）和产品定位（Positioning）3部分内容（统称为STP）。接着就可以落实营销策略，以产品为主的企业主要从产品策略（Product）、定价策略（Price）、渠道策略（Place）和促销策略（Promotion）4个方面进行，这就是通常所说的4Ps。兼顾服务的企业则可以再增加人员策略（People）、有形展示（Physical Evidence）和过程策略（Process）3个部分的内容，这7种策略统称7Ps。最后是实施，即对上述营销理论的落地。经典的营销理论框架在实践中是一个循环往复、不断优化的过程。

微课堂

经典的营销理论框架解读

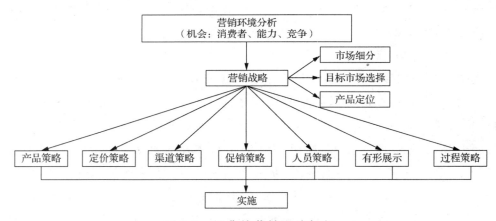

图2-1 经典的营销理论框架

我们可以把现在流行的电商直播理解为针对某些产品的以诱人的低价在线上渠道促销的活动，通过"网红""达人"等的有形展示吸引消费者现场下单，所以其是对产品策略、定价策略、渠道策略、促销策略、人员策略、有形展示、过程策略的有机整合。

纵观现有的各种大数据营销相关书籍，基本上都是在营销策略层面上展开论述的。而如果没有厘清目标客群，没有对自身品牌或产品进行清晰定位，有些促销活动就可能缺少明确的执行方向，或出现流量多、利润少，甚至入不敷出的现象。换句话讲，企业只有先做好STP，才能使营销策略更加精准。本书介绍的数据分析方法主要解决的就是STP的问题，即通过什么指标科学地进行市场细分、目标客群有哪些、如何根据目标客群的价值诉求进行明确的定位，等等，从根本上实现企业的差异化，做到精准营销，避免陷入价格战等恶性循环。

2.2　大数据时代营销战略的决策模式变化

大多数企业经常采用自上而下的营销战略决策模式，如事前细分法（第7章将进行详细介绍），即先使用一些具有分类意义的变量（如人口统计变量等），将全体消费者分成几个细分市场，如图2-2所示；再选择其中最能获利的细分市场作为目标市场；最后结合现有目标市场的其他竞争对手的情况做出产品定位。这种营销战略决策模式一般以定性分析为主，主要依靠企业营销经理或品牌专家等的经验判断进行市场细分。

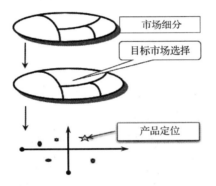

图2-2　传统的营销战略决策模式

例如，某初创家居定制企业在某品牌专家的建议下以年龄这一人口统计变量作为市场细分指标，并选择其中的"Z世代"和"Y世代"作为目标客户，做出全屋定制的高端产品定位。但半年之后效果未达预期，多数年轻人不愿意或没有足够的经济实力购买高价的新品牌全套定制家居。笔者经过分析后发现根本原因可能是市场细分指标的确定缺少充分的论证依据，进而导致企业选择了不太准确的目标市场且做出了不太准确的产品定位。

与事前细分法相对应，市场细分的另一种方法是事后细分法（第7章将进行详细介绍），即在使用大量变量去衡量每位消费者的特征之后，再将相似的消费者集成一群，这样更能达成市场细分的目的。对于在此基础上进行产品定位的方法，本书称之为大数据营销战略决策模式，如图2-3所示。这种营销战略决策模式以定量分析为主，可以根据消费者的异质性进行由下而上的集群，相较于根据人口统计变量等由上而下式地切割市场而形成群别，其能够提供更精确的营销信息，更有助于营销战略的制定。

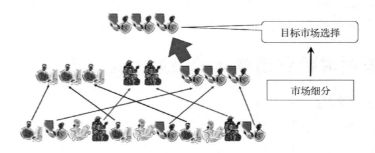

图2-3　大数据营销战略决策模式

例如，上文提到的某初创家居定制企业采取自上而下的营销战略决策模式的效果欠佳，但是经过半年时间的积累，笔者对该企业进行营销诊断，包括对高层的深度访谈、对经销商的问卷调查，以及对消费者购买行为和工厂订单数据进行整理和分析，即采用大数据营销战略决策模式，成功地将目标市场调整为追求生活品质的中年中产者，并将橱柜作为主打产品，由主打产品逐步带动其他全屋定制产品的销售。

在大数据时代，只要是存活的企业，无论是在线上还是线下，都积累了一定的销售数据。企业千万不要浪费这些宝贵的数据，针对这些数据，采用大数据营销战略决策模式，基于消费者购买行为特征进行数据分析，用数据说话，可以使营销决策的制定更科学。当然在数据整理与分析过程中，企业高管等的现有经验也很重要，二者有机结合，方可实现双赢。

2.3　营销资料架构

对于营销环境，企业可整理出图2-4所示的资料架构。该资料架构由对象（i）、时间（t）、变量（X,Y）3个维度的内容组成。对象（i）是指企业关心的营销环境成员，包括消费者、竞争者、下游客户等。这些对象只有能够被辨识，才能存在于资料架构中。例如，企业建立会员制度，通过优惠措施鼓励消费者成为会员，并且在其进出门店消费时留下会员交易记录。时间（t）是指每件事情的发生时间。例如，消费者的每笔交易记录都必须有时间戳，并按照时间先后排序。发生时间越靠近现在的交易记录，与未来消费行为的关联性越强，重要性也越强。

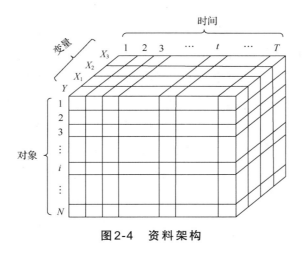

图2-4　资料架构

常见的时间（t）可能是2年、3年、5年等，有些企业自诩有大容量的存储设备，可以积累10年以上的数据。但是，如果数据的时间跨度太大，将过时的消费形态纳入分析，反而会产生错误的预测结果。例如，同一位消费者在3年前还只是一个学生，3年后却是"上班族"，甚至已婚，随着消费者生命周期的改变，其消费形态也一定会有大幅度的改变。因此，在进行行为预测的时候，如果还将这位消费者数年前的交易记录纳入分析，肯定会造成极大的误差。

从消费者个人的角度来看，可以用来进行行为预测的数据其实很少。由于个人的行为一直在随着时间改变，因此企业必须使用与未来可能行为真正相关的过去交易记录来做统计分析，这样才能提高预测的准确度。时间最好由消费者所处的生命周期阶段，或其他会造成消费形态转变的结构变量来决定。

企业通过记录工具能够轻易地积累大量且多元的数据。例如，便利店的收银系统能记录各种购买行为，包括购买时间、购买的商品、购买金额等。在线购物平台的网络记录器会保留用户的网页浏览行为，包括浏览时间、浏览网域、停留时间及购买行为等。社交网站会记录用户跟朋友打招呼、留言、点赞、玩游戏等行为。不过，这些数据绝大部分都是文字数据，企业需要将其进一步编码为数值数据，才能使用统计方法加以分析。

企业面临的难题是，这些存储下来的文字数据应该被定义为哪些变量，才能有助于营销决策。举个例子，银行的金融经理在处理核贷业务时，必须先对贷款企业进行评估，再决定是否放贷。在评估的过程中，什么才是放贷的决定因素？只评估贷款企业的财务状况，如流动性、负债比率等可以吗？事实上，这些财务指标展现的是企业的经营绩效，即展现的是结果而不是原因。用一种结果去预测另一种结果是没有意义的，企业应该进一步探讨影响经营绩效的原因有哪些。假设有两家经营绩效相同的企业同时申请贷款，但这两家企业的经营策略与所面临的风险完全不同，金融经理应该进一步探究并给予不同的评价。

因此，对于营销人员来说，只记录消费者的购买行为是不够的，因为表现于外的购买行为是结果而不是原因。企业要开展大数据营销，首先要做的事情就是寻找合适的营销理论，了解消费者为什么会有某种想法和行为，如是因为消费者的人格特质、生活形态，还是营销活动的刺激；其次，定义这些变量，建立资料架构；再次，采用适当的方法搜集数据，如开展问卷调查或查询交易记录等；最后也是最核心的步骤是，使用正确的统计模型，并配合动态的营销策略来制定具体可行的行动方案。

2.4 消费者行为的特质：异质性和动态性

营销观念的核心在于洞悉消费者行为的内涵。总的来说，营销人员必须要掌握两个关键的消费者行为特质：异质性与动态性。

2.4.1 异质性

异质性（Heterogeneity）是指每个消费者都是独立的个体，因为各有不同的出生背景、人格特质、生活经验，所以不同消费者具有各具特色的思维、行为与需求。以购买牙膏为例，有些消费者重视价格，有些注重是否有牙齿美白功能，也有些只在乎品牌。仅就价格敏感度（Price Sensitivity）这件事情来说，有人很在乎价格，也有人根本不在乎。面对这样的市场，企业应该要能提出不同的营销组合来满足异质性的市场需求，针对不同价格敏感度的细分市场制定不同的价格，以获取区别定价（Price Discrimination）的利益。

以航空业为例，常见的做法是通过对不同舱的等级进行规划，以满足消费者的异质性需求。例如，对于与价格相比更在乎服务质量的消费者，航空企业推出头等舱或商务舱，向消费者提供高规格的设施与服务，如可以优先登机，在机上享用高档的餐饮与娱乐设施，享有相对宽阔的个人空间，以满足消费者彰显身份地位、享受物质成就或者重视保护隐私的需求。对于对价格比较敏感的消费者，航空企业就可以推出经济舱，甚至推出廉价舱，提供基本的服务，收取较低廉的价格，以满足消费者节省资金的需求。

如果企业能够锁定高价格敏感度的客户群去执行促销策略，也可以达到区别定价的效果。一般来说，市面上看到的市场价、建议零售价、统一售价等，都是偏高的价格，只能吸引对价格不太敏感的消费者。因此，企业不时也会采用"全场八折""优惠套餐"等促销策略，从而增强高价格敏感度客群的购买意愿。然而，这种全面性的促销策略就是最好的吗？事实上，如果让低价格敏感度的消费者享受降价而非更好的服务，就代表企业缺少对这类消费者的异质性的认知而错失盈利机会，相应的促销策略就是失败的。

好的促销策略应该是先找到高价格敏感度的消费者，然后只为这群人提供促销优惠。问题在于企业该如何找到这群人呢？价格敏感度是由价格变动引起的产品需求的变化。根据定义，"产品需求"受到"价格"的影响，因此前者被视为反应变量（Y），后者被视为解释变量（X）。在营销数据库中，符合"产品需求"定义的变量通常包括产品购买数量、购买金额、是否购买、品牌选择等；符合"价格"定义的变量包括实际售价、打折促销的力度，以及是否有促销活动等。二者结合，可建立一个回归模型，回归系数（β）就代表价格敏感度。

在衡量每一位消费者的价格敏感度（β_i）之前，对每一位消费者都须先积累一定数量的交易记录，这样企业才能建立基于每一位消费者的个人回归模型，如图2-5所示。在图2-5中，横剖面上的方格数据，代表在不同时间点（t）上，使用变量（X,Y）衡量所得的该消费者的观察值；个人回归系数估计值称为异质效果（Individual-Specific Effect），代表营销刺激（如价格变化）对购买行为（如购买与否）的影响。将所有消费者按照价格敏感度（β_i）由高到低排序以后，就可以区分出高价格敏感度群和低价格敏感度群。当企业推出打折促销活动时，将活动信息发给被归为高价格敏感度群的消费者即可，就可以降低企业促销成本并且提高转化率。

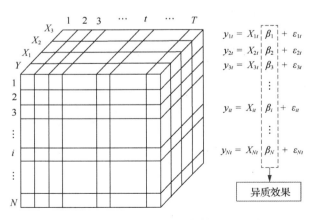

图2-5　异质效果：以价格敏感度为例

2.4.2 动态性

动态性（Dynamic）是指同一个人的行为在不同时间也会有所差异。例如，同一个人在一周内通常不会每天中午吃一样的东西；或者有时是一个人吃，有时则跟朋友一起吃。因此，从长期来看，营销人员应该关注消费者在不同的生命周期阶段所展现的不同的需求与生活形态，以满足其长期变动的需求。

这里举个例子，说明如何根据需求的动态性来制定营销策略。某来电铃声厂商想将来电铃声打造成一个广告平台。只要会员开通了来电铃声服务，那么打电话给会员的人会在会员接听电话之前的5～10秒中听到广告内容。为了提高来电者对于广告内容的接受程度，避免广告成为无法引起来电者兴趣的垃圾广告，该厂商根据广告主提供的广告内容做了适当的时段安排：根据目标消费者的生活作息大概分出了6个时段，由于目标消费者在每个时段做的事情都不相同，因此每个时段分别适合播放不同类型的广告。例如，晚上12点到早上6点的来电者，可能会听到一些在线游戏的广告，这符合"夜猫子"的兴趣；早上6点到10点的来电者，听到的广告内容可能是某品牌早餐的特惠活动信息。

营销理论发展至今，大约80%的内容都是在处理消费者行为的异质性问题。直到使用数据库记录消费者因时而异的购买行为，研究人员才开始去思考、观察消费者行为的动态性，如图2-6所示。假设有一群同质性高的消费者，如低价格敏感度群，其在不同时间（t）的购买记录就构成图2-6中每一个纵切面上的方格数据。这群消费者虽然平时并不在乎价格，但是当某天在店内突然察觉到货架上陈列了同一类的6个品牌的产品，标示了6种高低不一的价格时，也会思考要选哪一个品牌，这时其价格敏感度也就有所提高。也就是说，平时不在乎价格的消费者不会永远不在乎价格，而是会在这个基准上，伴随营销环境的变化而不断调整其价格敏感度。这种因时而异的价格敏感度，称为动态效果（Time-Specific Effect）。

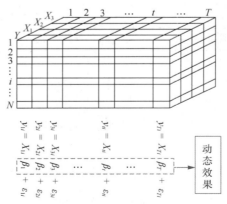

图2-6 动态效果

　　营销之所以如此难做，市场之所以难以掌握，就是因为消费者行为的动态性。虽然消费者的行为随时在变化，但是就行为的本质或形态而言，其实没有发生太大的变化。例如，消费者选择餐厅的动机只分为几种类型，如追求效率或追求社交等，营销人员只要能够认清并掌握不同类型的行为，就能制定有效的营销策略。因此，营销人员应牢记营销理论，以掌握消费者行为的本质作为制定营销策略的依据。无论是从哪种角度切入的，营销理论所探讨的内容，都离不开消费者行为的异质性与动态性。一切营销策略都必须以消费者行为的这两种特质为基础而制定。

2.5　营销思潮的演进

　　营销思潮的演进经历了"营销1.0"（响应式营销）、"营销2.0"（引导式营销）、"营销3.0"（交互式营销）及"营销4.0"（连锁式营销）这4个阶段。不同的企业可能由于成立的时间长短不同或所处的行业和经济发展背景的不同，处于不同的营销阶段。同一个企业也可能先后经历不同的营销阶段。

2.5.1　响应式营销与引导式营销

　　真正谈论营销概念，是从消费者行为学派开始的。消费者行为学派提出，企业应该先了解消费者的想法与行为，然后再按照消费者的想法与行为设计营销策略，以适应、回应、满足消费者的需求。这种被动地响应消费者需求的营销概念，称为响应式营销（Reactive Marketing），属于"营销1.0"，这也是大多数教材讨论的主要内容。此后营销策略学派兴起，该学派告诉企业除要了解消费者之外，企业也应该根据自己的资源优势去主动地重新塑造消费者的需求或行为，目的是与竞争对手形成明显的区别。这种由营销策略学派提出的营销思维称为引导式营销（Proactive Marketing），属于"营销2.0"。

　　根据响应式营销的概念，营销策略由消费者所主导，因此营销人员必须先去了解消费者，这涉及一些基础的理论与实操的方法。这些基础的理论主要来自心理学的学理基础，如消费者如何摘取营销信息、在脑海中如何存储营销信息、对于不同的产品如何进行选择等。为了解决这些问题，营销人员必须熟悉许多统计分析方法，如市场调查等，以了解消费者的认知水平与态度。

　　引导式营销是一种竞争导向思维，其主张营销人员除要了解消费者需求之外，也要了解市场上竞争者的策略。相对于响应式营销强调由外而内的观点，也就是由外部消费者的偏好决定企业的营销策略，引导式营销则是一种由内而外的观点，强调企业应以自身的内部资源优势为出发点，尝试去改变外在市场环境或者塑造消费者的需求或行为。例如，某品牌洗发液通过广告告诉消费者该产品的效果很好，建议消费者一个礼拜只用一次，从而消费者的使用行为就得到了有效塑造。

引导式营销的前提假设是，消费者不清楚或不知道自己想要的是什么，或者对现有产品不甚满意，需求尚没有被满足。举例来说，某品牌洗发液的功能是"停止落发"，所以其锁定的目标消费者是"有发可落"的消费者，而不是"无发再生"的消费者。然而，头发茂密的人通常不会预期自己有掉头发的危机，也就没有预防掉发的需求。因此，该品牌必须重新塑造这群人的行为，如通过广告让这群人注意保养头发，以免一段时间后大量掉发。在意自身外貌的人可能会听从广告的建议，购买并使用相关产品。也就是说，人们对于预防落发的需求是被塑造出来、被提醒出来的，这就是引导式营销的效果。

无论是响应式营销还是引导式营销，都是企业对消费者进行的单向营销，企业无法确切地了解消费者对于营销策略的实时响应程度。例如，在媒体上播出的广告到底获得了哪些消费者的注意，有多少产品的销售是因为消费者看到广告才发生的，或者产品的销售是基于哪些消费动机而发生的，这些企业都不清楚，企业只知道产品最后的销售总量是多少。对于消费者行为的异质性与动态性，企业只能通过问卷调查来掌握，资料分析的结果只能用于大众营销或细分营销，无法用来掌握每一位消费者的喜好。企业直到开始建立消费者数据库，能够观察到每位消费者的所有历史交易数据时，才有办法通过数据分析，与消费者进行一对一的互动，与消费者建立长期关系。

2.5.2　交互式营销

传统营销的核心思维是"交换"或"交易"，促使达成交易是其唯一目标。根据这个核心思维，响应式营销与引导式营销都是以消费者行为为基础，思考为了完成当下的交易，供需双方可能采取的一切做法，并据此发展而成的营销阶段。不过，到了20世纪90年代，随着计算机应用的普及，消费者交易数据可以被翔实地记载与积累，企业得以进一步观察到个别消费者的实际购买行为，因而开始与消费者发展长期的关系，营销策略也随之改变。此时，营销的核心思维从"交易"转换成"关系"，企业开始规划不同的营销策略和活动，通过消费者交易数据库来与消费者建立关系，进入交互式营销（Interactive Marketing）阶段，这种营销便属于"营销3.0"。

1. 特点

交互式营销具有以下两个特点,这也是其和响应式营销与引导式营销的主要差异所在。

(1)交互式营销具有一对一营销(One to One Marketing)的特点,其主张从观察个体消费者的行为来研究和制定营销策略,所有的沟通模式都是一对一的。有别于大众营销或细分营销的做法,交互式营销不再建立细分市场,也不采用大众传播媒体作为沟通工具,而是直接与目标消费者进行一对一沟通。因此,交互式营销的成功前提是,企业要能够认出每一位消费者是谁,了解每一位消费者的需求与行为。这些都必须依靠会员制度的建立、个人交易记录的积累,以及正确统计模型的使用,反过来这些也促成了营销决策模式学派的兴起,其致力于发展适用于营销数据库的统计模型。

(2)交互式营销的另一个特点是能处理"动态性"的问题。为与每位消费者建立关系并加以管理,营销人员必须从时间的角度观察消费者多次交易的情况。因此,交互式营销企业除可以观察到不同消费者行为的异质性之外,更重要的是可以观察到同一消费者在不同时间的不同行为与需求,也就是消费者行为的动态性。例如,根据消费者购买记录的变化趋势,企业可以预判消费者价值的变化情况,从而挑选出需要提早防范流失的消费者,采用一对一营销策略去提升这些消费者的价值。

2. 会员的交易数据

记录并存储每一位消费者的交易数据,是交互式营销的必要条件。个别消费者的交易数据收集方法由来已久,最早是通过问卷调查的方式,邀请有合作意愿的消费者参与调查,收集其平日的消费发票或交易记录,再由访问人员定期调查并汇总、整理每位消费者的交易数据,这被称为顾客面板调查数据(Consumer Panel Survey Data)。后来随着计算机的大量使用,零售企业开始利用扫描设备记录消费者的每笔购买记录,这被称为扫描面板数据(Scanner Panel Data)。由此,营销企业才开始步入数据库营销时代。随着网络技术的发展,企业开始利用网站记录器自动存储大量且多元的消费者网络使用行为,如网页浏览行为,包括浏览时间、浏览网域等。

在大数据时代,企业能够轻易地搜集到大量交易数据。然而,如果没有建立会员制度,或者没有设计出符合营销目的的资料架构,又或者没有采用适当的统计模型去预测,企业仍然只能开展大众营销,无法进行一对一营销。例如,还没有建立会员制度的便利店,虽然每天都能通过收银系统搜集大量的交易数据，但无法辨认每笔数据来自哪一位消费者，所以这些数据只能用于店面的存货管理、各产品的销售量预测，或者进行销售量与营销活动的相关性分析。

即使建立会员制度，如果交易数据的搜集只是徒具形式，企业仍然无法系统地掌握消费者的一举一动。例如，杂志社纷纷推出线上版的杂志，订阅用户每点击一篇文章就相当于完成一笔交易。如果杂志社只是统计每篇文章被点击的次数，就像便利店只关心每个产品的销售量一样，就只是将每笔交易视为彼此独立的数据。但是事实上，来自同一消费者的交易数据是有关联的，因为有这位消费者的存在，这些交易数据才会被观察到。因此，在处理大数据的时候，企业应该从个别消费者的角度去做资料分析，如计算个人的消费者价值、估计个人的偏好结构、预测个人的购买行为、提出个人的产品推荐列表等。下面举例说明交互式营销在耐用品行业中的应用。

3．耐用品行业中的交互式营销

与易耗品不同，汽车的购买周期很长，一般为3～5年，汽车厂商该如何在这个周期之内与消费者维系关系呢？一般有两种方式。

第一种方式是汽车经销商提供售后服务。以加拿大某4S店提供的售后服务为例，一名消费者购买汽车之后可能很久没有更换轮胎，直到感觉轮胎存在问题才到该4S店检测。4S店的维修人员没有急于向车主推销新轮胎，而是在测量胎纹深度之后，告知车主轮胎还可以再用6个月，之后再来换胎也比较便宜。于是该车主便留下详细的信息，4S店也因此得到了会员数据。五六个月后，4S店的维修人员通知车主更换轮胎，顺便告知有哪些轮胎正好在促销。可想而知，这位车主最后大概率会选择在这家4S店更换轮胎。如果这位车主觉得该4S店的售后服务非常贴心，其与该4S店的交易会仅限于这一次吗？相信日后其与该4S店"完成多次交易"是值得期待的。

第二种方式是由汽车制造商来维护与消费者的关系，其中以通用汽车（General Motors，GM）的案例最为著名。GM要求每一名车主在购车时必须详细填写资料卡。这张资料卡询问了车主许多用车行为，如购车用途、每日通勤距离、周末是否有出游的习惯等。这些资料卡可以让GM预测车主每隔多久可能需要做一次汽车保养，并且在适当的时间通知车主，尽量避免无故打扰车主或使车主错失保养期限。在通知车主做汽车保养时，GM会向车主提出许多有关用车习惯的问题，最后还会询问车主在3年后是否有换车的打算。如果车主回复有换车需求，GM就会寄出汽车车型目录，并附一张GM联名信用卡。这张信用卡的累积刷卡金额的5%可以转为车主购买下一部GM汽车的扣抵金。GM通过信用卡提供具体的诱因,将消费者紧紧锁住。当消费者的累积刷卡金额越来越高时,其换购另一部GM汽车的可能性也就越来越大。刷卡内容也呈现了消费者的生活形态与生活水平,是GM向消费者推荐合适车型时可参考的重要信息。

2.5.3 连锁式营销

不同于交互式营销,连锁式营销(Chain-Reaction Marketing)将"一对一"的概念扩展为"网对网"的概念。一方面,供给方的多个企业聚集形成一个网络平台,各个企业之间维持着一种既竞争又合作的关系。例如,购买网站的首页往往汇集各家厂商的产品信息,同一商圈内经常聚集多家便利商超,电脑城等也充斥计算机类(Computer)、通信类(Communication)、消费类(Consumer)等电子产品(简称3C产品)店家。当聚集的企业数量越多时,网络平台对外展现的专业形象就越突出,其就越能成为消费者优先选择的购买途径。另一方面,需求方亦提供了消费者之间建立网络关系的绝佳机会。在过去,消费者的参考群体以亲朋好友为主,消费者经常参考亲友的意见来形成对产品的态度。但是随着网络的蓬勃发展,彼此陌生的消费者集结成网络社群、论坛、个人博客等,他们发布的产品开箱文、信息文、询问文、心得文,如淘宝、京东等各种购物平台上的购后评价等,成为消费者参考信息的主要来源。这代表消费者的参考群体从实体走向网络,规模也扩大到数以千倍计。与之相对应,企业在营销手法上出现了许多新的变化。

最早的连锁式营销典型案例就是亚马逊网上书店。当时,许多消费者对于网络购物持保守态度的主要原因是,消费者无法接触到实体产品,无法亲自检查产品的好坏。亚马逊网上书店当初的成功之处在于善用"消费网"提供的信息,多元化地给消费者呈现参考信息,让产品质量具体化。首先是提供每一本书的销售量排名,这相当于根据消费者的实际购买情况而产生书籍推荐清单。其次是提供购买者的评价,包括专业购买者评价的不同书籍的质量,以及一般消费者在网络上的留言与打分。最后,使用购物篮分析,提供"浏览过这本书的消费者还买了哪些书"的购买推荐。后来,随着各种购书平台竞相模仿,亚马逊网上书店已经调整为侧重显示消费者的不同评分等级及其占比,以及精选详细的消费者购买评价,给其他消费者提供尽可能有效的帮助,如图2-7所示。

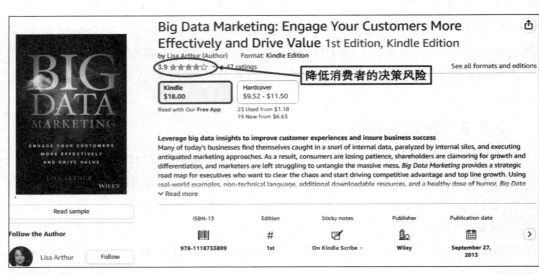

图2-7　连锁式营销：亚马逊网上书店的购后评价

　　连锁式营销利用网络机制，提供实时式（Real-Time）、随机式（Random-Access）与在线式（On-Line）的定制化信息。电子商务网站可以在消费者单击特定信息之后，快速产生不同的信息来给予消费者决策建议，如亚马逊网上书店的推荐机制。它除了靠信息科技人员的开发与维护之外，更需要管理人员或者营销人员从营销视角告诉信息人员设置怎样的网页互动规则才能产生实时信息来响应或唤起消费者需求，其中包括使用更精密的统计模型来提升互动实时性与推荐成功率。换句话说，根据营销理论，采用适当的统计模型来进行预测与推荐，有利于企业洞察消费者的一举一动，提供贴心的产品与服务来打动消费者，使他们心甘情愿地与企业保持联系，这也正是大数据营销要做的事情。

2.6　消费者的隐私权

消费者的隐私权是不可侵犯的基本权利。法律规定，厂商不能私自将消费者的数据转卖他人（即使是关系企业）使用。美国的消费者保护团体甚至要求厂商不能保留消费者的历史交易记录。站在消费者的立场上看，在过去所有交易都已经完成的情况下，厂商根本没有保留这些资料的必要。政府部门的税务机关在对企业进行税务查核时，也只需看到总的进货、销货、存货等数据，不会深入核查个别消费者的交易记录。因此，消费者保护团体认为厂商不应该继续保留消费者的交易记录，否则属于侵犯了消费者的隐私权。

在今日消费者主权意识高涨的时代，如果厂商企图利用消费者数据进行大数据营销，那么势必要做到让消费者不反感，甚至愿意接受厂商的促销信息。其中的关键在于，让消费者感受到厂商通过大数据营销能提供更高质量的产品与服务。因此，厂商认同交易数据为消费者所有，厂商使用交易数据的目的是为消费者提供增值服务，让消费者体会和认识到厂商代管交易数据的益处。例如，美国的超市要求消费者可以先在网上预订想要购买的产品。等到消费者来店购买时，超市会提供打印购买清单的服务（响应式营销），并且在清单上提醒消费者有些产品可能也需要购买（引导式营销）。超市的推荐机制正是根据消费者的历史交易数据推估其日用品的存量，进而推荐其家中存量可能不够的产品（交互式营销）。

根据消费者计划购买的产品，超市亦可将自己想要促销的品牌罗列于消费者的购买清单之中。此种做法远比一般的大众媒体广告更为有效，因为这是针对有需求的消费者（Right Customer），在正要购买的时机（Right Timing），推荐想要促销的品牌（Right Product）。这样的推荐信息看似由超市免费提供，但实际上超市对品牌商收取了另一种形式的上架费，品牌商们需要竞标推荐列表中的位置。与此相似，很多网上购物平台或App都提供商品搜索服务，搜索结果中所呈现的商品先后顺序往往也是品牌商竞标的结果。特别是对于时间比较紧张的消费者而言，搜索结果可能会直接影响其购物选择。当然，成功使用

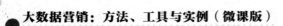

购买清单的首要前提是，企业能够使用正确的统计分析方法（Right Analysis）从庞杂的交易数据中提炼出消费者的购买习惯和特性，并将其作为建立产品推荐列表的依据。所以，正确地进行统计分析是重中之重。

课后习题

    1．经典的营销理论框架由哪4个部分组成？分别具有什么含义？

    2．在大数据时代，营销战略的决策模式的变化是什么？

    3．什么是消费者行为的异质性？什么是消费者行为的动态性？

第3章 如何构建有效的客户关系营销数据库

　　在面对营销决策问题时，企业一要寻找合适的营销理论；二要定义关键的行为绩效变量，将决策问题转成核心的营销研究问题；三要采用合适的营销研究设计，通过多元化的数据搜集方法获得数据；四要应用正确的统计模型进行分析；五要利用营销理论解读分析结果，并制定具体可行的行动方案。第1章提到过，企业只有拥有专门为实现营销目的而建立的数据库，才有可能给营销决策者提供必要、适时并且正确的信息。"巧妇难为无米之炊"，有了恰当的数据，企业才能具体讨论如何分析数据。因此，本章重点讲解构建有效的客户关系营销数据库的流程，以及常见的营销数据库，包括客户基本静态数据文件、客户动态的交易数据文件（包括产品特性编码文件）等。其中，产品特性编码文件最为重要，也是企业最缺乏的数据文件之一。

学习目标

【知识目标】

1. 理解构建营销数据库的作用和流程。
2. 理解客户基本静态数据文件。
3. 理解客户动态的交易数据文件。

【素养目标】

1. 培养科学的大数据营销数据库观念。
2. 建立基于静态、动态与产品特性的大数据营销分析思维框架。

引例

构建营销数据库并借助大数据分析实现4S店精准服务实例

世纪联合是位于广东省中山市的一家专注于中高档中外合资及国际品牌汽车的综合性大型汽车服务供应商，其占据了当地大部分市场份额，经销的品牌包括广汽埃安新能源、捷豹、路虎、凯迪拉克、东风日产、北京现代、一汽丰田、一汽大众、大众新捷达、东风启辰、雪佛兰、别克等，拥有17家4S店、3家分公司、1家二手车交易公司、1家汽车快修中心、5个快修服务网点及1家保险代理公司。该公司拥有广泛的汽车经销及服务网络、庞大的客户基础、经验丰富的管理团队和稳定的技术人才队伍、独一无二的一站式汽车生态系统，与众多领先的中高档乘用车制造商建立了长期稳固关系。该公司的愿景是为客户创造美好出行体验，核心价值观是为客户创造更多价值，成为值得客户信赖的汽车管家，未来将朝着拓展其他综合性汽车服务、网络扩张内生增长、大数据分析及网络营销、选择性收购等方向不断发展。

笔者曾带领华南理工大学MBA专业学员为其做精准服务诊断。经过为期2天的诊断，为整合顾客资源并深挖数据价值，双方一致认为有必要建立汽车经销商的顾客大数据（经过脱敏处理）营销系统。因为不同4S店使用不同品牌商的信息管理系统，所以该公司面临的首要挑战是统一来自不同系统的数据的格式，之后才能将顾客基本信息、顾客购买或维修的动态交易数据、汽车产品数据等在顾客大数据营销系统中逐一完整呈现。在此基础上，笔者团队帮助该公司基于顾客价值并借助深层次的统计分析对顾客进行分类与画像，真正实现为顾客提供购车与维修等精准推荐服务。另外，通过对各品牌顾客数据的分析与比较，该公司有望实现各门店之间的有效资源共享与优势互补，进而实现协同营销。

> **案例思考**
>
> 1. 你觉得4S店在哪些方面的服务做得比较好？
> 2. 对于4S店的汽车维修服务，你体验过吗？若体验过，感觉如何？

3.1 构建营销数据库的作用

构建营销数据库的作用主要体现在3个方面：服务于营销管理系统、服务于营销研究实务、服务于营销决策支持系统。

3.1.1 服务于营销管理系统

在以消费者为营销对象的营销业态中，由于消费者数量庞大，需求的异质性又强，企业无法只靠销售人员或促销活动进行一对一营销，必须发展出有别于传统营销策略的方法。因此，企业开始建立消费者交易数据库，进而掌握消费者的一举一动，通过规划不同的营销策略和活动来与消费者建立关系。面对的消费者数量越多、类型越多、购买频率越高，或者消费者购买内容越多样化，企业就越适合开展大数据营销，进而提升消费者关系管理的效率。

相对地，在工业品营销业态中，构建大数据营销管理系统比较容易。首先，在工业市场中，企业面对的下游客户数量并不多。许多信息科技大厂在全球的主要客户可能只有十几家，一般企业的客户只有几百家，最多上千家。由于客户数量少，企业想要进行客户关系管理或者一对一营销就不会太困难。其次，工业市场中每一家客户的特性都很明确且容易掌握。因为这些客户通常都是企业，产业类别、企业规模、生产据点等数据通过人员访查或者网络搜索都能轻松搜集到。最后，工业市场中的产品大多具有标准化的规格，客户也多半集中在特定产业中，需求的同质性非常强。因此，在考虑是否投入资源构建大数据营销管理系统之前，工业市场中的企业宜先评估自身的客户数量、客户类型、客户购买频率、客户购买内容等数据是否大量与多样。

如今企业的人事部门、生产部门、财务部门等都已经发展出比较完整的管理系统，而专门针对营销部门设计的管理系统并不多见。营销系统的信息化在根本上还是需要依靠人为的设计，企业必须综合运用许多具有不同能力的人才，具体的人才需求情况如图3-1所示。首先，营销人员和销售人员应研究各种不同的生活形态，然后发展出针对不同生活形态的营销策略与决策准则。其次，统计人才应根据营销人员的规划，将营销策略与决策准则转换成统计决策模型。最后，信息人才应将统计决策模型转为程序并植入计算机，让计算机可以根据决策需要生成不同的数据与报表，供企业进行营销决策时参考。

大数据营销管理系统所需求的人才可大致分为高级人才和初级人才。例如，计算机专家中的高级人才负责系统开发，初级人才负责系统维护。统计专家中的高级人才负责针对特定的营销问题开发出统计模型；初级人才至少应具备操作统计软件包的能力，进行基本的统计分析。营销策略专家也分为高级战略规划人员和营销战术策划人员两种。销售管理专家又分为品牌经理人员和销售业务人员。一般企业最缺乏的是同时具备两种能力的人才，如图3-1中的虚线框所示。例如，高级统计分析人员在开发出一个新的统计模型之后，必须将其嵌入具体的计算机操作平台或者统计软件，才能够让资料分析人员进行日常运作，这就需要高级统计分析人员具备系统开发能力。

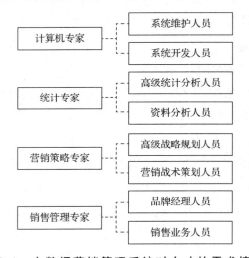

图3-1　大数据营销管理系统对人才的需求情况

以上展示的是该系统实现的完整过程与工作分工。随着技术的发展与专业分工的细化，以及考虑到用工成本等，企业也可以通过外包或与高校、咨询公司合作来快速搭建大数据营销管理系统，使各方发挥优势，实现多赢，如与大数据公司合作搭建平台并进行现有数据的整合，请高校的大数据营销专家根据企业的业务需要与数据状况开发核心模型，以辅助企业进行营销决策，等等。

3.1.2　服务于营销研究实务

企业如果想让整个营销企划有合理的流程并得到适当的执行，就必须开展营销研究。营销研究提供系统性与客观性的信息，让决策者可以减少对直觉和经验准则的依赖，降低决策面临的风险与不确定性。然而，除大型的消费品制造商之外，多数企业都没有成立营销研究部门。营销研究部门从事的研究工作大致分为三种。第一种是程序化研究，即企业定期进行的资料分析工作，如每日分析销售量的变化，每半年做一次消费者问卷调查，等等。研究主题包括市场细分分析、市场机会分析、消费者态度与使用情境分析等。第二种是选择性研究，旨在测试各种营销方案的效果，如新产品概念测试、广告文案测试、营销前测试，以及试销等。第三种是评估性研究，即营销计划执行后的绩效评估，包括追踪广告回忆度、企业与品牌形象研究、衡量消费者对于产品或服务质量的满意度等。企业进行大数据营销也需要进行这三种研究，但是采用的数据类型可能有所不同。

伴随程序化研究、选择性研究、评估性研究等研究的开展，管理信息系统应包括3种类型的数据。

第一种是每天都会更新的数据。例如，某3C卖场的内部日常管理依赖一套企业资源计划（Enterprise Resource Planning，ERP）系统，ERP系统中包括商品、供应商与会员数据，并连接各门店的POS系统。在每天交易截止后，ERP系统会回馈前一天的销售数据及更新商品库存数据。企业需要根据营销目的设定编码规则，将原本为了流通管理而设计的数据内容重新定义成营销研究需要的变量，再扩展到客户关系管理（Customer Relationship Management，CRM）系统中，使之更加完善。当天早上，高级主管们与各分店的店长可以通过计算机看到截至昨天，由交易数据的更新所产生的CRM信息。

第二种是有关未来经营决策的数据，是企业不定时地根据特定的一些问题所搜集的资料。企业在制定未来的营销策略之前，如推出新产品或新的促销组合之前，应先了解不同消费者对于这些营销策略的反应。例如，超市通过分析，发现购买吸尘器的消费者经常购买空气净化器，所以决定在母亲节将两者作为促销组合，效果甚佳。

第三种是备用数据，企业将过去的研究结果存储在数据库中，让其他用户也可以取用，能够充分发挥营销研究的潜在实用性。

3.1.3 服务于营销决策支持系统

企业会定期接收各式各样的数据，如工厂出货量或订单、行业分析报告、产品销售报告、会员基本数据、个人交易记录等。这些数据的分析层次各有不同，数据期间也各异，甚至使用的计算机程序语言也互不兼容。然而，对于身为决策者的经理人员来说，他们并不想看到这些原始的未经整理的数据，而是想看到经过适当分析之后所产生的与决策有关的数据，而且这些数据最好能够以图表的形式呈现。营销决策支持系统（Marketing Decision Support Systerm，MDSS）可以将不同来源的营销数据整合在同一个数据库中，让经理人员可以与之互动，从而迅速地解决决策问题、取得标准的分析报告，以及获得分析性问题的答案。营销决策支持系统的运作原理如图3-2所示。

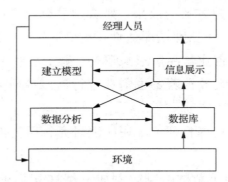

图3-2　营销决策支持系统的运作原理

MDSS由4个部分构成。

第一个部分是数据库（Database），其集中管理来自企业内部与外部（包括消费者与竞争者）的各式各样的数据。

第二个部分是数据分析（Analysis），企业多使用传统的数据分析方法，如描述性统计、时间趋势分析、回归分析、因素分析等。进行这类分析时，企业总是站在总体的角度进行推论，假设同一群体内的每位消费者的平均状态是同质的，因此企业无法了解消费者行为的异质性和动态性。从第4章开始介绍的数据分析准则是从消费者的异质性角度，即站在个人的角度进行分析，目的是进行个性化的参数估计，以准确掌握消费者的一举一动。

第三个部分是建立模型（Modeling），即利用计算机程序语言建立决策准则。例如，企业先根据消费者的交易记录分析，计算出每位消费者的价格敏感度（请参考第2.3节）之后，再进行排序，取前20%的高价格敏感度的消费者作为此次促销活动的通知对象。假设高价格敏感度消费者的门槛值是"-1.08"，也就是说如果（IF）消费者的价格敏感度（原为负值）小于-1.08，那么（THEN）其被挑出来作为促销活动的通知对象，否则（ELSE）企业就不向其通知促销活动。将上述判断流程写成计算机程序语言如图3-3所示。

IF	价格敏感度	< -1.08
THEN	通知	= 1
ELSE	通知	= 0

图3-3　建立模型的计算机程序语言

以计算机程序语言来扫描企业的会员数据库，其中，"价格敏感度"与"通知"是会员数据库里的既有变量，"-1.08"是设定好的参数。值得注意的是，建立模型需要"设定好的参数"，也就是门槛值，这并非由计算机人员或营销人员主观决定的，而是由数据分析结果决定的。也就是说，企业必须先通过数据分析获得个人的估计值，再按照决策者的要求，设定适当的门槛值作为建立模型所需要的参数。因此，该参数并非一成不变，而是会随着每日更新的个人交易记录而改变。只要个人交易记录更新，数据分析的估计结果就会更新，建立模型需要设定的参数也就随之改变。

第四个部分是信息展示（Display），就是设计一些图表及格式，让经理人员容易理解MDSS的分析结果。

3.2 构建营销数据库的流程

企业该如何构建营销数据库？我们可以先从营销研究的完整流程一探究竟，如图3-4所示。在整个过程中，企业需要首先明确营销研究问题，接着对研究设计进行规划，再构建抽样的样本并对资料进行搜集和分析，最后得出研究结论即得到哪些研究发现并以报告的形式加以呈现。

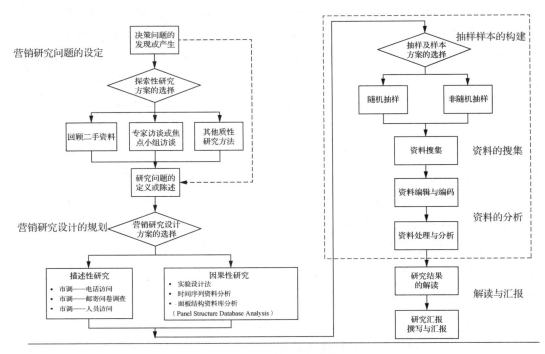

图3-4 营销研究流程

3.2.1 营销研究问题的设定

经理人员面对决策问题的时候，如果对问题的本质了解不足，以致无法定义相关的研究变量，则应使用探索性研究（Exploratory Research）在短时间内了解问题的本质，并初步获得少数意见。具体做法包括回顾二手资料，通过专家访谈或焦点小组访谈直接询问少数消费者的意见，或使用其他质性研究方法。如果消费者对于问题不太愿意表达意见，经理人员也可以实地观察现象或行为的发生，或者采用投射法，让消费者站在第三人的角度表达其对问题的看法。例如，经理人员可以询问消费者："你很少看到你的邻居购买速冻水饺，你觉得可能的原因是什么？"这可以让经理人员间接地询问消费者不买速冻水饺的理由。

3.2.2 营销研究设计的规划

在厘清并定义清楚所有营销研究问题之后，经理人员就可以开始思考可能的解决方案有哪些。例如，银行在管理信用卡客户时，常常需要注意客户是否会变成不再刷卡的"静止户"。为了避免这种情形发生，银行应早一步了解客户可能逐渐变成"静止户"的原因，再思考对策，预先对客户开展促销活动来防止客户流失。在确认营销研究问题之后，银行就要开始进行研究，提出可能的原因与相应措施。例如，客户变为"静止户"的原因也许是银行对客户提供的诱因相对于竞争对手太少；或者是以往提供的诱因一成不变，让客户丧失新鲜感；又或者是银行很久没搞活动，被客户渐渐淡忘。这些不同的原因代表着不同的营销方案，银行需要进一步采用不同的研究方法去探讨哪一种营销方案更有效。

定量的研究方法分为两种，即描述性研究与因果性研究。描述性研究的目的是描述数据的现有结构。例如，银行根据客户的刷卡记录挑出被定义为"静止户"的客户，将其分为3个等级，如3个月没刷卡的客户、6个月没刷卡的客户，以及9个月没刷卡的客户。然后，银行使用交叉表或百分比报告描述这3类客户的特性，如多是男性还是女性，多住在北部、中部还是南部，等等。描述性研究主要应用于问卷调查、数据库分析、CRM系统中，但是研究限制也很大。真正对解决决策问题有帮助的是因果性研究。

因果性研究使用的统计方法和程序远比描述性研究复杂。因果关系描述的是自变量（Independent Variable）与因变量（Dependent Variable）的关系。其中，因变量通常以Y表示，代表我们想要解释的事物或现象；自变量通常以X表示，代表事物的起因，也就是我们基于理论认为导致因变量出现或引起因变量发生变化的因素。我们先根据决策问题定义出可能的Y，再根据理论列出可能具备影响力的X，结合二者建立回归模型；然后按照前因后果的逻辑确认变量的发生时序，也就是自变量（X）必须发生在前，因变量（Y）必须发生在后。

过去由于缺乏营销数据库，分析人员只能使用实验设计法或通过构建时间序列模型实现时间序列资料分析，确保模型设定符合前因后果的逻辑。现在通过会员制度的建立，企业得以建立基于面板结构（Panel Structure）的营销数据库（参考图2-4），其由对象（i）、时间（t）、变量（X,Y）3个维度组成，同时记录了需求的异质性与动态性，以便进行因果性研究。可惜的是，现今的大数据分析多满足于进行描述性研究，很少能够进行因果性研究。本书从第4章开始，针对面板结构的营销数据库建立了许多能够探讨因果关系的统计模型，这有利于后续的预测，进而帮助营销人员做出决策。

3.2.3 会员样本的抽取

当企业开始建立会员制度之后，营销数据库积累的数据量就会急剧增多，如何从海量的数据中提取有用的信息便成为当务之急。数据挖掘（Data Mining）就是为满足这种需要而产生的数据处理技术，它可以从大量的、不完全的、有噪声的、模糊的、随机的数据中提取人们事先不知道但又有用的信息。软件代理商向业界推广数据挖掘软件的时候，宣称数据挖掘软件可以完整扫描数据库中的所有数据，检测出一些非常微小、难以观察到的数据，并表示使用抽样的方法来提取数据很可能会漏掉这些细微的但可能起关键作用的数据。然而，上述说法存在一些逻辑上的缺陷。

首先，如果所谓的"关键数据"只在海量数据中占据很小的一部分，而且无法通过随机抽样观察到，决策者就不必太在意这种数据，因为据此制定的营销策略通常也不会有太大的影响。其次，在大数据营销时代，营销策略的制定以个人客户为基础，如果在做数据挖掘时，使用大量不相干的客户数据进行个人行为分析，反而无法突显每位客户的消费行为特性，从而无助于制定一对一营销策略。最后，上述说法认为数据挖掘的对象必须是全体数据（Census Data），不应该抽样（Sampling），这基本上就是在推翻统计学的理论基础。

统计学分为描述性统计与推论统计。描述性统计关注的是如何将原始资料摘要（Summarize）成数值量数或次数分布，完全没有概率模型的假设。推论统计建立在概率模型之上，是指根据观察到的样本数据，对未知的总体参数做出以概率形式表述的估计与检验。描述性统计旨在使用全部数据计算数值量数，却忽略了数值量数本身的不确定性，从而无法评估决策风险。事实上，推论统计才是统计学的核心。在推论统计中，参数的估计与检验都以样本数据为基础，分析人员需先假设资料的总体概率分布，再推论样本估计量或检验统计量的抽样分布，据此计算p值（p-value），用以评估决策失误的概率。

最后，对数据库的全体数据进行分析是相当浪费资源的做法。即便是使用简单的统计方法，也会受限于计算机系统的内存容量及中央处理器（CPU）的运行周期，从而增加MDSS的反应时间。第2章提到，连锁式营销利用网络机制可提供实时式、随机式与在线式的定制化信息。试想，如果消费者在亚马逊网上书店浏览，但网页总是要先缓冲数十秒后才能提供定制化的书籍推荐清单，这样肯定会让推荐机制的效果大打折扣。

对会员数据库进行随机抽样（Random Sampling），抽取出的会员样本最能够完美地代表数据库里的全体会员。一般在做问卷调查的时候，市场调查人员往往站在街头、火车站或者购物商场门口等人员聚集的地方，随意邀请人们填答问卷，这样做其实并不符合随机抽样的要求。进行随机抽样，要先列出所有成员的详细名单，然后建立抽样架构（Sampling Framework）。会员数据库本就包含所有会员的信息，所以很适用于进行随机抽样。

大多数人常常误以为抽取的合理样本数与总体数有绝对关系。事实上，根据统计原理，不管总体是美国的总人口还是中国总人口，只需要1 067个[1]样本。因此，企业与其进行耗时耗力又无法评估决策风险的针对全体数据的描述性统计，还不如从会员数据库中随机抽取1 067个样本，快速地获得统计分析结果。确认抽样名单之后，接下来要做的就是搜集数据，进行数据编辑与编码，然后进行数据处理与分析，并使用营销语言解读研究结果。

3.2.4 构建营销数据库需要回答的问题

简单来说，构建营销数据库就是要回答以下6个问题。

（1）管理者需要做出哪些营销决策？

（2）做出每一种营销决策所需要的信息是什么？

（3）各项信息要通过哪种分析方法获得？

（4）各种分析方法所需的数据形态有哪些？

---

[1] 根据统计原理，如果要对总体比例进行推论，在95%的置信水平下，且抽样误差为±3%以内，那么需要的样本数最多为1 067个样本（虚无假设设定的总体比例为50%）。

（5）如何定义数据库中的各个字段？

（6）如果需要开展问卷调查，每个字段的数据如何转化成问卷的题目及应通过哪些渠道开展问卷调查？

构建营销数据库首先要思考的是管理者需要做出哪些决策，其次是在做这些决策时，需要什么样的信息，且这些信息要通过什么分析方法才能获得。之后再去思考这些分析方法需要的数据形态有哪些，这些数据该如何在各个数据库中被定义成哪些变量（字段），并且根据每个变量的定义，思考应该设计哪些问卷题项。最后思考问卷数据该通过什么渠道获得，是要做问卷调查，还是从既有的数据库（如ERP系统）中获得。企业在构建营销数据库的过程中应优先使用现有的数据，充分发挥宝贵的数据资产的作用，这也是进行大数据营销的重要意义。

3.3 客户基本静态数据文件

在关系营销的观念下，消费者只要进店（实体店或网络店铺），不管交易是否发生，都代表企业开始与消费者建立关系。为管理与大量消费者的一对一关系，企业最好能辨认每位消费者是谁，常见的做法是建立会员制度。企业在邀请消费者成为会员时，通常通过设置问卷来搜集消费者的基本信息，包括联系方式、家庭背景、生活形态、消费形态等，如图3-5所示。会员的基本数据在短期内通常不会改变，是相对较为静态的数据，企业定期更新数据即可。

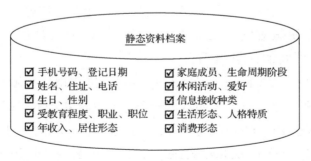

图3-5 会员的基本数据库

3.3.1 会员静态数据

除了通过问卷获取消费者基本资料，企业最好也纳入与购买形态等有关的个人特质。例如，当消费者处于不同家庭生命周期的阶段时，其消费形态、生活形态、购买内容等都不一样。企业可以利用一些人口统计变量来判断会员所处的生命周期阶段，如未婚还是已婚；如果已婚，是否有孩子；如果有孩子，孩子的数量是多少，孩子的出生年份又是多少；等等。

企业还可以询问会员经常浏览哪些网站和使用哪些手机App、具有什么样的生活形态等。生活形态可分为"公交车族""夜猫族""工薪族""及时行乐族"等，此类内容可设计成复选题由会员自行勾选。会员常使用的交通工具包括公交、地铁、电动自行车、汽车等。例如，某企业在发放问卷后的2周内回收了6万多份问卷。问卷调查结果显示，接近80%的会员最常使用的交通工具是汽车，他们都是"开车族"。该企业基于这个问卷调查结果，决定以后在开新门店时，一定优先考虑停车位的规划。

微课堂

会员静态数据的
重要性

3.3.2 态度的衡量

交易数据库只能记录消费者表现出来的购买行为，但这些行为却是由难以观察的心理状态所引发的，尤其是消费者的态度。态度（Attitude）是个人对目标对象的一般判断，通常是长久且不易改变的。态度涉及三个方面的因素：首先是认知因素，即个人对目标对象是理解、相信还是怀疑等；其次是情感因素，即个人对目标对象的主观偏好，包括喜欢与讨厌、尊敬与蔑视、同情与漠视等；最后是意向因素，即触发行为的动机。这些态度因素难以直接通过在交易数据库中搜集数据或建立指标得到，通常要通过问卷调查进行衡量。

将会员对问卷问题的回答定义为数值的规则，称为衡量尺度（Measurement Scale）。衡量尺度分为四种，不同的衡量尺度在定义、特性、运用上都不相同，如图3-6所示。即使是对同一位受访者的回答，研究人员也会因为采用不同的衡量尺度而得到不同的衡量结果。

第一种是名目尺度（Nominal Scale）。名目尺度数据是指用于辨识或归类的数据，这些数据没有大小之分。例如，每一个球员的球衣上的号码，如7号、8号、3号等，这不代表8号球员比7号球员高大，只代表8号球员和7号球员是不同的球员。

第二种是顺序尺度（Ordinal Scale）。顺序尺度数据是指用于排序的数据，可反映先后、强弱、好坏、等级等关系。以跑步名次为例，有第1名、第2名、第3名等，我们虽然可以根据名次知道第1名的速度比第2名快，但是无法根据名次的差距去推测两位选手的速度差距。因此，顺序尺度数据仅代表等级或顺序等，相邻两个等级之间的差距可能并不相同，因此顺序尺度数据无法进行加减运算。

第三种为区间尺度（Interval Scale）。区间尺度又称等距尺度，用以表示所测事物间的相对差异程度。区间尺度数据的特质有3个。①相邻两个等级之间的差异皆相同，或假设相同。②具有任意原点（Arbitrary Origin）的性质，即"0"不代表"无"或"没有"，仅具有操作上的意义；数据具有连续性，例如，体操比赛的3位评审对同一位选手的给分依次为9.6分、9.1分、8.2分，这些分数的原点分别代表这3位评审主观上的比较基准，而不是"无"的概念。③区间尺度数据可以做加减运算，如上例中选手的平均分数是（9.6+9.1+8.2）÷3≈8.97分。

第四种是比率尺度（Ratio Scale）。比率尺度也称比例尺度，用以表示所测事物间的实质差异程度，如销售额、考试分数等。比率尺度数据有单位。比率尺度数据具有绝对原点（Absolute Origin）的性质，即"0"代表"无"或"没有"。例如，三位选手参加100米跑步比赛，成绩分别是13.2秒、14.1秒、15.8秒，这三个数据有一个绝对的共同基准，即0秒，所以可以直接进行比较。比率尺度数据能精准地反映所测事物之间的差异，可以做加减乘除运算。

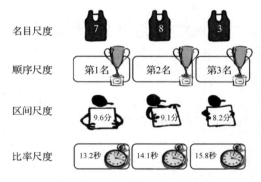

图3-6 4种衡量尺度范例

3.3.3 数据编码

名目尺度数据无法直接做加减运算。我们必须先将其编码成虚拟变量，才能进行统计分析，如图3-7所示。关于"请问您最常去哪一家百货公司？"这个问题下，我们列举了4个选项，因此受访者的回答属于名目尺度数据，不同的数据代表不同的百货公司。例如，第一个人的回答是Wal-Mart，则对应的名目尺度数据为"4"；第二个人的回答是Sears，则对应的名目尺度数据为"3"。不过，将名目尺度数据相加没有任何意义，我们必须将其重新编码为虚拟变量。虚拟变量的观察值只有0或1两种，因此其又称二元变量（Binary Variables）或0-1资料（0-1 Data）。当观察值为1时，代表受访者属于特定组别；当观察值为0时，代表受访者不属于该特定组别。

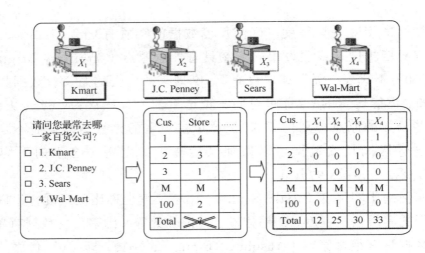

图3-7　名目尺度与数据编码

例如，将这4家百货公司重新定义为4个虚拟变量：X_1、X_2、X_3、X_4。那么原来只有一列的名目尺度数据就被编码为4列数据。第一个人的名目尺度数据是"4"，经编码后为（0，0，0，1）；第二个人的名目尺度数据是"3"，经编码后为（0，0，1，0）。虚拟变量是可以相加的，如X_1这列的总和为12，代表共有12个人回答他们最常去的百货公司是Kmart，其他列的含义以此类推。虚拟变量几乎适用于所有统计方法，应用范围非常广泛。

顺序尺度数据无法进行加减运算，也不适合编码为虚拟变量。因此企业在设计问卷时最好不要使用顺序尺度。例如在奥运会期间，每天都会统计各国得到的金牌、银牌、铜牌的数量，但也仅此而已，无法再做深入分析。顺序尺度常用于衡量顾客价值的RFM指标（第4章有详细说明），传统做法是将原始的购买行为数据由高到低排序后分成5等份，再分别赋予5分、4分、3分、2分、1分的分数。这些分数就是顺序尺度数据，不适合再做加减运算，但还是有许多人误用统计方法对其进行分析，第4章会对此进行进一步的讨论。

区间尺度数据和比率尺度数据都可以进行加减运算，跟虚拟变量一样，几乎适用于所有统计方法，如图3-8所示。例如，问题设定为"请问您对这4家百货公司的偏好程度分别是多少？（以1～9分来打分）"，那么受访者的评分属于区间尺度数据。从图3-8中可知，第1位受访者给Kmart的评分只有1分，给Wal-Mart的评分最高，为9分。虚拟变量也显示该位受访者去得最多的百货公司是Wal-Mart。如果问题设定为"请问您于过去6个月当中，到下列4个百货公司购物的次数是多少"，受访者所回答的实际购买次数就属于比率尺度数据。例如，图3-8中显示，第1位受访者过去6个月去Wal-Mart购物的次数高达10次。

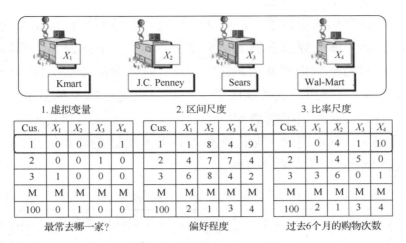

1. 虚拟变量					2. 区间尺度					3. 比率尺度				
Cus.	X_1	X_2	X_3	X_4	Cus.	X_1	X_2	X_3	X_4	Cus.	X_1	X_2	X_3	X_4
1	0	0	0	1	1	1	8	4	9	1	0	4	1	10
2	0	0	1	0	2	4	7	7	4	2	1	4	5	0
3	1	0	0	0	3	6	8	4	2	3	3	6	0	1
M	M	M	M	M	M	M	M	M	M	M	M	M	M	M
100	0	1	0	0	100	2	1	3	4	100	2	1	3	4
最常去哪一家?					偏好程度					过去6个月的购物次数				

图3-8　3种数据编码

3.3.4　信度与效度

在进行问卷调查的时候，只有每一个问题同时具备信度与效度，以此搜集到的数据才能正确地反映真实现象，统计分析才有意义。如果问题的信度或效度不高，那么搜集到的数据就不可靠，即便使用最复杂的统计方法，得到的分析结果也不能成为决策依据。信度（Reliability）是指重复衡量的结果具有一致性与稳定性的程度。例如，第1.3节中提到过，为衡量消费者的冲动性购买倾向，银行以信用卡客户的直播购物金额占比为衡量指标。因为直播购物是客户的消费习惯，短期之内不会有太大改变，所以在不同时间点的衡量结果不会有太大的差异，此衡量结果的信度就较高。然而，直播购物金额占比真能充分反映客户的冲动性购买倾向吗？这就是效度要解决的问题。效度（Validity）是指衡量工具可以如实反映所要测量目标特质的程度。对于冲动性购买倾向这种偏向心理状态的变量，企业其实很难使用会员数据库里的购买行为数据来设计一个高效度的衡量指标，所以企业需要定期进行问卷调查来更新会员数据库。

3.3.5　会员数据库的完整性

会员信息越丰富，由此构建的会员数据库就会越完整。企业在搜集会员信息时，通常会害怕问题太多导致会员的填写意愿降低，因此企业的常见做法是仅保留基本的人口统计类问题。如此虽然能大量增加问卷填写人数，但是搜集到的变量个数很少，如图3-9左侧所示。

如果问题太多，会不会根本没有人想填写问卷？其实，只要对会员给足诱因，他们还是会愿意填写问卷，如会员填写完问卷后可以获得礼物或较低折扣等。当然问题必须事先经过营销人员缜密的思考，每个问题都应能够反映实际购买行为，都有助于营销策略的制定。如此，即使全部会员中只有一半的人填写问卷，如图3-9右侧所示，数据的数量与质量也远比第一种情况好。更何况，通过推论统计，企业可以根据填写者的回答来推论未填写者的回答，还能评估决策风险有多高。简而言之，无论就整体数据的质量还是数量而言，变量的多寡才是真正影响数据库的关键因素。

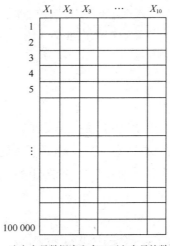
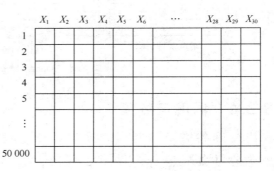

这个会员数据库中有10万名会员的数据，但是针对每名会员仅记录了10个变量，因此整个会员数据库包含了1 000 000个数据。

这个会员数据库中虽然仅有5万名会员，但是针对每名会员记录了30个变数，因此整个会员数据库包含了1 500 000个数据。

无论就整体数据的质量还是数量而言，变量的多寡才是真正影响会员数据库的关键因素。

图3-9　影响数据库的关键因素

3.4　客户动态的交易数据文件

交易数据库记录的是与每笔交易有关的内容，如图3-10所示。交易数据库除包括购买日期、购买金额、购买数量、店名、商品属性、单价等数据外，还包括购买时制造商或渠道商开展的营销活动（如促销活动），以及当时购买者的想法（如购买原因与购买

动态资料档案
- 购买日期、购买金额、购买数量
- 店名、商品属性、规格
- 单价、折扣、赠品
- 购买原因、购买性质
- 付款方法、收款日期
- 促销活动
- 配送方式、配送日期
- 信用额度、赊账余额
- 成交量、退货量
- 满意度、抱怨处理

图3-10　动态交易数据库

性质）与购后意见（如满意度与抱怨处理）等。

3.4.1　会员动态数据

顾客的购买行为（如发票明细数据）会被自动记录在交易数据库中。但是，与顾客心理状态有关的数据又该如何记录呢？例如在3C卖场，一份简短的问卷被设计在收款机里，当顾客结账时，收款机的屏幕上会自动显示这份问卷，收银员再以聊天方式来询问顾客相关问题。例如，询问顾客购买产品的原因，是将原本旧的产品换掉还是要送礼。问题不宜太长，而且收银员只能问关键性的问题。

值得注意的是，大多数交易记录必须进一步地归类与编码，转换为数值资料，只有这样才有利于后续的统计分析。例如，购物小票上记载的内容，除购买数量、单价、购买金额三者为定量数据之外，其他数据多为"编号"，如购买日期、产品序号、店名等。编号是名目尺度数据，不适合进行统计分析，须进一步编码为虚拟变量，如交易日期数据文件、产品特性编码文件等。

3.4.2　交易日期数据文件

交易日期在交易数据库中虽然只是一个编号，但是包含许多日期性质，如表3-1所示。表3-1中的交易日期由8个数字构成，如20230101代表2023年1月1日。这一天还包含许多日期特性，如星期几及连续假期等。为了记录这些日期特性，表中列举了8个虚拟变量。其中，前7个虚拟变量分别代表星期日、星期一等7个特性；最后一个变量代表连续假期。根据20230101的日期特性与虚拟变量的定义，这一天对应的数据编码为（1,0,0,0,0,0,0,1）。除星期与连续假期之外，还有许多日期特性可以被记录下来，但企业需要事先在交易日期数据文件里设定好对应的变量。常见的日期特性列举如下。

1．星期几、是否为双休日、是否为连续假期

工作日与节假日的消费行为可能明显不同，如工作日的外卖销量会比较高，节假日到店就餐的人数会比较多。这些日期特性可以使用虚拟变量记录，如表3-1所示。

表3-1　交易日期编码范例

编号	交易日期	日	一	二	三	四	五	六	连续假期
1	20230101	1	0	0	0	0	0	0	1
2	20230102	0	1	0	0	0	0	0	0
3	20230103	0	0	1	0	0	0	0	0

编号	交易日期	日	一	二	三	四	五	六	连续假期
4	20230104	0	0	0	1	0	0	0	0
5	20230105	0	0	0	0	1	0	0	0
6	20230106	0	0	0	0	0	1	0	0
7	20230107	0	0	0	0	0	0	1	1
⋮	⋮	⋮	⋮	⋮	⋮	⋮	⋮	⋮	⋮
613	20231001	1	0	0	0	0	0	0	1
614	20231002	0	1	0	0	0	0	0	1
615	20231003	0	0	1	0	0	0	0	1
616	20231004	0	0	0	1	0	0	0	1
617	20231005	0	0	0	0	1	0	0	1

2. 节假日：如春节、母亲节、父亲节、中秋节、清明节等

对消费者来说，每个节假日都有特别的意义，有可能引发特定产品的消费行为，这些日期特性可以使用虚拟变量记录。

3. 天气状况：如温度、湿度，以及是否有台风、地震等

不同的天气状况也会引发不同的消费行为，如天热时冰品的销量比较好，台风前夕方便面、干粮、电池等用品比较抢手。天气状况可从中央气象台或各种手机App中获取。温度和湿度等是定量数据，可以直接记录，台风、地震等是否发生就可以用虚拟变量记录。

4. 厂商的营销活动：如店铺的周年庆活动、会员日活动、特定促销活动等

这些营销活动都可使用虚拟变量记录。例如，假设今年某厂商的周年庆活动共举行两个星期，那么在活动期间的观察值都设定为1，其他日期的观察值就设定为0。

一旦设定好交易日期数据文件的内容，企业就可以对门店所在地区、产品销售记录等进行交叉分析，获得营销决策信息。例如，为提升销量，某厂商计划在母亲节期间开展吸尘器特卖活动。在通过客户关系管理系统进行消费者购买行为数据分析之后，该厂商发现消费者在购买吸尘器之后最常购买的是空气净化器。因此，该厂商在开展吸尘器特价促销活动时，在吸尘器旁展示原价的空气净化器，最终这两款商品在促销期间的销售量都明显上升。该厂商如果没有做消费者购买行为数据分析，很难想到将吸尘器和空气净化器摆在一起销售。

另外一个例子是某厂商预备在某地开设一家新门店，想要邀请会员前来参加新门店的开业特卖活动，特卖商品是计算机显示器。在发通知时，该厂商并没有"天女散花式"地将活动信息发给所有会员，而是从该地区的会员中，根据交易数据分析的结果选出最可能会因为促销活动而购买计算机显示器的3 000人，再向这3 000人每人寄一张明信片，明信片上面只印着简单的几行字，以向会员说明新门店开业时有计算机显示器特卖活动的信息。根据交易数据分析结果，该地区门店的客单价大约是2 000元。然而，在新门店的开业特卖活动期间，客单价竟然提升到了3 000元。原因就在于收到通知的3 000名会员中的大部分都到新门店消费了，有的甚至舍弃特价的计算机显示器，选购了更新款的商品，这类会员的客单价高达6 000元。因为有这种封闭循环式（Closed-Loop）的客户关系管理系统，该厂商的每一项促销活动的事后绩效都可以被追踪、被评估。

3.4.3　产品特性编码文件

产品序号在交易数据库中虽然只是一个编号，但其实是由一组客观的属性（Attribute）所构成的。例如，图3-11所示是3种型号的某保温杯的说明书。由图3-11可知，容量、重量、保温效力、保冷效力、材料等都是用来描述这些产品的实体属性。每个属性又可再细分为几种水平（Levels），如容量可分为0.36升、0.48升、0.6升3个水平。

品名：不锈钢真空保温杯 型号、容量、本体重量、保温/保冷效力（注）					
型号	容量/升	重量/千克	保温效力/摄氏度		保冷效力/摄氏度
			1小时	6小时	6小时
SM-SA36	0.36	0.17	86	67	9
SM-SA48	0.48	0.205	87	71	8
SM-SA60	0.6	0.235	88	73	8

（注）保温/保冷效力是在商品呈直立放置、室温为20±2摄氏度时，从装入开水后其水温降至95±1摄氏度开始，经过1小时及6小时之后，或从装入冷水后其水温升至4±1摄氏度开始，经过6小时后，在瓶颈下方所测得瓶内的温水或冷水水温。

材料：本体内侧　不锈钢（防粘涂层）　　　中　栓　聚丙烯
　　　本体外侧　不锈钢（亚克力树脂涂层）　上　盖　聚丙烯
　　　杯　口　不锈钢　　　　　　　　　　垫　圈　硅胶

图3-11　3种型号的某保温杯的产品说明

在产品特性编码文件中，属性水平可使用虚拟变量呈现，如表3-2所示。例如，保温杯的容量属性分为3个水平，可设定为3个虚拟变量（X_1, X_2, X_3）。第1个保温杯的容量是0.36升，因此编码为（1,0,0），其余以此类推。注意，如果产品特性编码文件中只列出专属于某个产品（如保温杯）的属性水平，那么其他产品就无法进行编码。例如，某3C卖场销售的产品包括各式各样的电子产品，如电饭煲、电热水瓶、电咖啡壶、烤箱、微波炉、吸尘器、音响、电视等，这些产品因为不具备"保温杯容量"与"保温杯重量"这两个属性，所以相应的虚拟变量都为0。也就是说，其他3C产品的销量，与保温杯的容量和重量没有任何关系。

在建立产品特性编码文件时，设定属性水平变量时不宜只考虑单一产品的特色，而是要广泛地思考不同产品的共同属性。表3-2中的"制造来源""品牌来源"就是3C产品的共有属性。例如，某保温杯是在A国制造的C国品牌产品。基于产品的共同属性进行编码有助于解释顾客的购买行为。

表3-2 某3C卖场的产品特性编码文件

产品序号	产品名称	保温杯容量/升			保温杯重量/千克			制造来源			品牌来源		
		0.36	0.48	0.6	0.17	0.205	0.235	A国	B国	C国	A国	B国	C国
		X_1	X_2	X_3	X_4	X_5	X_6	X_7	X_8	X_9	X_{10}	X_{11}	X_{12}
SM-SA36	保温杯1	1	0	0	1	0	0	1	0	0	1	0	0
SM-SA48	保温杯2	0	1	0	0	1	0	1	0	0	1	0	0
SM-SA60	保温杯3	0	0	1	0	0	1	1	0	0	1	0	0
⋮	电饭煲	0	0	0	0	0	0	0	0	1	0	0	1
	烤箱	0	0	0	0	0	0	0	1	0	0	1	0
	音响	0	0	0	0	0	0	0	1	0	1	0	0

现以某品牌音响为例，列出音响的共同属性及产品特性编码，如图3-12所示。其中，制造来源分为4个水平，包括A国、B国、C国、其他，被设定为3个虚拟变量（X_1, X_2, X_3）；品牌来源也一样。功能分为两个水平，即功能强与功能弱，被设定为1个虚拟变量（X_7），其余（除"价位比"之外）以此类推。因此，根据不同虚拟变量所代表的属性水平，这台音响的产品特性编码为（0,1,0,0,0,1,1,1,1.58,1）。

某品牌音响
- B国制造
- C国品牌
- 功能强
- 外形前卫
- 价位比为1.58
- 市场口碑佳

A国制造	B国制造	C国制造	A国品牌	B国品牌	C国品牌	功能强	外形前卫	价位比	市场口碑佳
X_1	X_2	X_3	X_4	X_5	X_6	X_7	X_8	X_9	X_{10}
0	1	0	0	0	1	1	1	1.58	1

图3-12 某品牌音响的产品特性编码

值得注意的是，图3-12中的"价位比"不是虚拟变量，而是连续数据。虽然价格是所有产品的共同属性，但是价格的高低无法呈现高价位与低价位的差异。例如，对于通用串行总线录音笔来说，1 000元可以算是高价位，但是对于手机来说，1 000元却是低价位。换句话说，产品价位的高低应相对于业界平均价格而定。我们可以将价位比定义为产品单价与同类产品平均单价的比值，比值为1代表中价位，大于1代表高价位。当消费者买的3C产品，如吹风机、音响、电视等，其价位比大于1时，说明消费者价格敏感度比较低，消费者不太在乎价格，买的都是高价位的产品。反过来说，如果消费者买的产品的价位比都小于1，我们就知道他们可能专门挑便宜货购买。将产品特性编码文件与产品购买记录结合在一起，通过适当的统计分析，企业就能推论出个人的偏好结构，并将其作为新产品推荐系统的决策依据，关于这部分内容，第6章有更详尽的说明。

课后习题

1. 什么是客户基本静态数据？
2. 什么是客户动态的交易数据？
3. 什么是产品特性数据？
4. 信度与效度的含义分别是什么？
5. 什么是价位比？

第4章 基于ARFM模型的顾客价值解析与策略运用

计算顾客价值是大数据营销策略发展的起点。由于每一位顾客对于企业的价值是不同的，企业针对每一位顾客付出的维系成本也应该有所不同。对于价值高的顾客，企业应提供特殊优惠或精致服务，促使这些顾客成为忠实顾客；对于价值不高的顾客，企业就应该降低维系成本，使资源配置更有效率。

顾客价值与购买行为有密切的关系，购买金额越大、购买次数越多的顾客，对于企业的价值越高。实务界广泛使用的RFM分析，就是根据3种购买行为来计算顾客价值的方法。然而，RFM分析只关心顾客的购买现状，缺乏对于顾客未来价值的预测。本章引入活跃性指标（Activity Index）的概念，构成ARFM模型，以预测顾客价值的未来变化趋势，进而协助企业提早预防高价值顾客逐渐脱离企业的不利情况。

根据营销理论，顾客的购买行为受到许多因素的影响，如个人的消费动机、企业的营销活动、科技的发展趋势，甚至气候的变化等。有些因素是企业可以控制的营销变量，有些是企业不可控制的个人因素或环境变量。这两类因素如何影响消费者的购买行为，是营销研究经常讨论的主题。本章从购买行为本身出发，尤其是针对购买期间的形态，介绍RFM模型和ARFM模型，进而评估顾客价值的变化，制订具体可行的行动方案。

 学习目标

【知识目标】

1. 了解衡量顾客价值的RFM指标。
2. 理解衡量和预测顾客价值的ARFM模型。
3. 掌握基于实际数据的FM模型与ARFM模型的实操分析。
4. 了解顾客终身价值的含义。

【素养目标】

1. 培养基于顾客价值的科学的大数据营销观念。
2. 从顾客价值角度构建营销理论与统计模型相结合的思维框架。

 引例

某新型中药饮片公司通过大数据营销提升顾客价值实例

某新型中药饮片公司的线上药品种类比实体店更丰富，能满足顾客各类用药需求。该公司在医药电商领域保持增长，用户黏性已经基本形成，其"平台电商+会员"模式不断创新完善，使其可以为会员提供精细化的服务。

该公司通过数据分类、储存与维护等实现数据赋能，通过数据分析助力自身发展。经诊断发现，该公司具备完整的顾客交易数据、少量顾客基本信息和部分产品基本信息。对顾客交易数据进行顾客价值分析可知，两年内80%的顾客只购买过一次，即复购率普遍较低。继续追踪其背后可能的原因，发现这一方面是因为新产品和新技术需要一定时间以培育顾客，另一方面是因为该公司为顾客提供的服务质量尚待提升，如对部分顾客的疑问解答得不够具体和深入等。未来该公司可继续对顾客进行分类，区分不同价值的顾客，分析其活跃性并跟踪其状态变化，以更好地预测消费者行为。基于对消费者行为的分析，该公司能更准确地判断顾客价值，并据此找到相应的原因，从而制定精准营销策略，获取顾客终身价值。

案例思考

1. 你曾经购买过中药饮片等相关保健养生产品吗？因何购买？
2. 你觉得顾客在什么情况下才会持续购买此类产品？哪类人群最有可能成为忠诚顾客？

4.1　顾客价值的衡量

美国营销科学学会对于"营销"一词的最新定义（2017年）是："营销是活动、组织与过程，它是为了给顾客、客户、合伙人乃至社会，去创造、沟通、传递、交易具有价值（Value）的提供物。"许多教材按照该定义，将顾客价值（Customer Value）定义为顾客从企业提供的产品或服务中所获得的价值，可表示为认知效用与支付成本的比值，或者认知效用扣除支付成本的剩余，这类顾客价值又称顾客感知价值（Customer Perceived Value）。不过，站在顾客关系管理的角度上看，顾客价值是指顾客终身价值（Customer Lifetime Value），企业应通过与顾客建立长久的交易关系来提升顾客对企业的价值。顾客感知价值与顾客终身价值都曾被学者简称为顾客价值，但二者却是截然不同的概念，本书讨论的顾客价值指的是后者。

4.1.1　RFM指标

RFM指标是常用来衡量顾客价值的指标，早在百年前，RFM指标就存在于美国的邮件直销（Mail Order）行业中。邮件直销又称邮购或无店铺营销，操作方法是寄送产品目录与订单供顾客订购产品，因此企业必须先取得每一位顾客的邮件地址。在计算机尚未发明之前，企业将搜集到的顾客信息逐一写在卡片上，再依序放在柜子里。每当顾客下单购买，企业就要把这位顾客的卡片找出来，再对订购记录进行登记。久而久之，在找卡片的过程中，企业就发现最近才购买过、下单次数较多，以及购买金额较大的顾客，具有较多的重复购买次数，可归类为优质顾客。企业也因此开始减少向低价值顾客寄送产品目录与订单的次数，把省下来的钱投资在优质顾客身上，并与其维持长久的交易关系。其实，除媒介不同外，如今的网购与邮购直销并无太大差异。

RFM指标代表与顾客价值相关的3种指标。R代表最近购买期间（Recency），是指顾客最近一次购买的日期到目前（统计日期）为止的相隔天数。相隔天数越多，代表顾客价值越低，因为这名顾客可能已经流失；如果上个星期才买过，企业就可以确定这个顾客（关系）还在，顾客价值高。F代表购买频率（Frequency），是指顾客在最近一段时间内的购买次数，购买次数越多，代表顾客价值越高。M代表平均购买金额（Monetary），表示顾客在最近一段时间内的平均购买金额，平均购买金额越高，代表顾客价值越高。综合运用这3个指标来衡量顾客价值就是RFM分析的目的。

除RFM指标之外，是否还有其他指标也适合用来衡量顾客价值？曾经有人提出，老顾客介绍其他新顾客购买产品（或加入会员）的人数，也可作为顾客价值的衡量指标。但是，这些被介绍来的新顾客的价值又该如何计算？顾客价值绝不可能人人相同，还是得依据RFM指标进行衡量。例如，某位顾客介绍10位新顾客与企业交易，那他的价值增额绝非仅是"10个人"而已，企业还是要以RFM指标去衡量这10位新顾客的价值总和。因此，长久以来，企业通常只使用RFM指标去衡量顾客价值。

理论上，RFM指标分别代表3种顾客价值，并不适合直接整合成一个指标，而是应该建立一个分析架构。例如，采用"购买频率"与"平均购买金额"两个指标建立一个分析架构（简称FM模型），如图4-1所示。位于第一象限的顾客有较高的平均购买金额与较高的购买频率，自然被归类为高价值顾客；反之，处于第三象限的顾客，因为两种指标都低，也顺理成章地被归类为低价值顾客。那么，有趣的是位于第二象限与第四象限的顾客，企业又该如何计算顾客价值并进行适当的解读以发展出有效的营销策略？

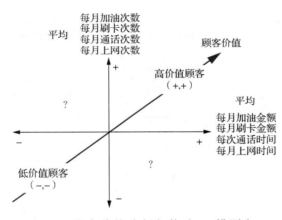

图4-1 顾客价值分析架构（FM模型）

例如，电信企业使用"每月通话次数"与"每次通话时间"两个指标分析顾客的通话行为。有些人经常打电话，可是每次通话时间很短，如"上班族"每天忙着打电话处理公事，其就位于图4-1中的第二象限。也有些人很少打电话，但是一打电话就要花20多分钟，甚至超过1个小时，如国际长途电话，这些人就位于第四象限。换句话说，图4-1中的4个象限代表4种行为或4种细分市场，FM模型的营销意义更胜过以单一维度衡量顾客价值的模型。

4.1.2 RFM指标的特性

下面举一个实际案例来进一步说明RFM指标的特性。美国某家经营办公用品的B2B企业拥有约40万名企业顾客，包括银行、律师事务所等。第3章曾经提过，对全体顾客数据进行分析是非常费时费力的做法。通过随机抽样取得具有代表性的样本数据之后再做分析，不仅省时省力，分析结果也与进行总体分析的结果相差不大。为了实现某个学术目的，这家B2B企业提供4万多位顾客的交易数据给某位教授，这位教授再从中随机抽取2 000位顾客的交易数据给我们，我们再从中随机抽取20位顾客的交易数据进行分析。虽然只有20位顾客的交易数据，但这些数据也能呈现全体约40万名顾客的顾客价值结构，这就是随机抽样的优势。

这20位顾客的交易数据经过整理之后所呈现的顾客价值结构如表4-1所示。在表4-1中，列代表顾客，行代表购买时序，方格数值代表本次购买与下次购买之间的相隔天数，即购买期间（Interpurchase Time）。例如，样本中的第1位顾客（编号为71）共有2笔交易数据（$F=2$）；第1次购买与第2次购买之间相隔595天，第2次购买之后到现在为止的天数为386天（$R=386$）。其中，F是购买频率，R是最近购买期间。

表4-1　随机抽取20位客户的购买期间和购买频率

单位：天

顾客编号	购买时序																		R	F
	1	2	3	4	5	6	7	8	9	10	11	12	13	14	15	16	17	18		
71	595	386																	386	2
80	49	120	657	81															81	4
100	54	969																	969	2
167	10	52	5	177	4	10	147	214	3	155	259								259	11
172	257	223	432	28															28	4
383	15	158	192																192	3
1277	10	140	11																11	3
1489	340	80																	80	2
1617	209	696																	696	2
2509	18	371																	371	2
2640	424	42																	42	2
2741	242	844																	844	2
2785	29	771																	771	2
2817	231	126	35	11	39	4	42	14	38	20	34	40	21	18	116	72	63	169	169	18
2876	70	120	50	18	261	63	118	139	81										81	9
2981	215	157																	157	2
3200	473	448	70																70	3
3209	41	116	3	25	14														14	5
3297	381	62	392	78	70														70	5
3373	335	258	76	218	65	91													91	6

由表4-1可知，每位顾客最多拥有不超过18笔交易数据，购买期间的变化相当大，短的只有三四天，长的超过两年。也就是说，就算是全体顾客的总交易数据

很多，但是每一个顾客的交易数据相对较少。20人当中有9人，即接近50%的顾客，只有2笔交易数据，也就是说我们只能用这2笔交易数据去推论他们的价值。除不同的顾客的购买形态各具特色之外（异质性），每位顾客自身的购买形态也会有很大的变化（动态性）。如果将全部数据摘要组成一个指标（如平均数），绝对无法用其精确地代表全体顾客的价值，因为每位顾客的差异实在是太大了。

　　由于顾客行为本来就兼具异质性与动态性，数据呈现的变异程度势必很大。业界常见的数据挖掘工具多是将数据库中的数据全部纳入计算，很少使用个人层面的数据。因此，由数据挖掘工具得到的分析结果的代表性实在堪忧，决策风险亦高。所以，总体数据的"大"与"多"并不重要，分析个人层面的数据才是重点。

　　平均购买金额是另一个顾客价值指标。下面随机抽取20位顾客的平均购买金额，如表4-2所示。以第1位顾客（编号为71）为例，其第1次的购买金额是74美元，第2次的购买金额是94美元；平均购买金额是84美元（$M=84$）。结合表4-1与表4-2我们就能得到每位顾客的RFM指标，并进行顾客价值分析。值得注意的是，随着交易数据的每日更新，RFM指标也在每日变化。企业如果想要把一个ERP系统转换成一个CRM系统，就必须思考如何将每日更新的交易数据自动转换成CRM系统需要的数据，然后才能开始做分析。

表4-2　随机抽取20位客户的平均购买金额

单位：美元

顾客编号	购买时序																		M
	1	2	3	4	5	6	7	8	9	10	11	12	13	14	15	16	17	18	
71	74	94																	84
80	159	8	172	177															129
100	50	111																	81
167	72	17	8	9	12	77	29	90	64	101	69								50
172	38	141	188	51															105
383	93	27	25																48
1277	92	25	136																84
1489	21	23																	22
1617	61	80																	71
2509	203	46																	125
2640	265	208																	237
2741	379	86																	233
2785	95	8																	52
2817	46	217	80	61	44	102	20	20	29	64	31	99	84	606	64	79	71	91	100
2876	86	143	106	29	241	112	151	276	122										141
2981	82	91																	87
3200	141	152	134																142
3209	121	641	29	54	314														232
3297	17	124	18	34	92														57
3373	129	80	189	84	135	91													118

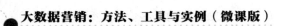

4.2 RFM模型的给分机制

RFM模型的给分机制分为五等均分法的给分机制、不等比例法的给分机制和Bob Stone的给分机制等三种。

4.2.1 五等均分法的给分机制

如何综合使用RFM模型来衡量顾客价值？业界常见的做法是根据顾客在3个指标上的排序，将RFM指标转换成可合并的分数。首先，将顾客按最近购买期间由短到长排序；排序靠前的顾客在不久之前才购买过企业的产品，与企业的交易关系很密切，因此有较高的价值，得到较高的R分数（R-score）。其次，将顾客按照购买频率由高到低排序，排在前面的顾客获得较高的F分数（F-score）。最后，将顾客按照平均购买金额由高到低排序，排在前面的顾客获得较高的M分数（M-score）。

1. 给分机制的设计

五等均分法的给分机制是令排在前20%的顾客获得5分，排在次20%的顾客获得4分，其余以此类推。图4-2显示了将顾客按照最近购买期间由短到长的排序结果，以及对应的给分结果。例如，编号为1277、3209等的顾客的R值最小，因此R分数为5分。然后，重新将顾客按照购买频率由高到低排序，依次给予5分、4分、3分、2分、1分。最后，重新将顾客按照平均购买金额由高到低排序，依次给予各群别顾客适当的M分数。

顾客编号	R	F	M	R分数
1277	11	3	84	5
3209	14	5	232	5
172	28	4	105	5
2640	42	2	237	5
3200	70	3	142	4
3297	70	5	57	4
1489	80	2	22	4
80	81	4	129	4
2876	81	9	141	3
3373	91	6	118	3
2981	157	2	87	3
2817	169	18	100	3
383	192	3	48	2
167	259	11	50	2
2509	371	2	125	2
71	386	2	84	2
1617	696	2	71	1
2785	771	2	52	1
2741	844	2	233	1
100	969	2	81	1

20%
20%
20%
20%
20%

图4-2 最近购买期间（R）的给分机制

根据五等均分法的给分机制，20位顾客的RFM分数如表4-3所示。其中，第1位顾客的分数是（2,2,2），而第2位顾客的分数是（4,4,4）。为什么要通过给分机制将RFM指标转换成RFM分数呢？原因很简单，因为RFM指标代表3种购买行为，衡量单位完全不同。其中，最近购买期间的单位是"天"，购买频率的单位是"次"，平均购买金额的单位是"美元"，三者无法直接相加并合并成一个表示顾客价值的指标。虽然在多变量统计方法中，主成分分析能将不同单位的变量组成一个总指标，但是在20世纪80年代营销数据库刚开始发展时，由于统计软件包尚未发展成熟，企业难以将主成分分析整合在CRM系统之中。因此，常见的做法是按照前述的给分机制建立RFM分数，并将其视为区间尺度数据，将3个分数相加，以总分判定每位顾客的价值的高低，其中15分代表最高价值，3分代表最低价值。

表4-3　20位顾客的RFM分数

顾客编号	R	F	M	R分数	F分数	M分数
71	386	2	84	2	2	2
80	81	4	129	4	4	4
100	969	2	81	1	1	2
167	259	11	50	2	5	1
172	28	4	105	5	4	3
383	192	3	48	2	3	1
1277	11	3	84	5	3	3
1489	80	2	22	4	2	1
1617	696	2	71	1	1	2
2509	371	2	125	2	2	4
2640	42	2	237	5	3	5
2741	844	2	233	1	1	5
2785	771	2	52	1	1	1
2817	169	18	100	3	5	3
2876	81	9	141	3	5	4
2981	157	2	87	3	2	3
3200	70	3	142	4	3	5
3209	14	5	232	5	4	5
3297	70	5	57	4	4	2
3373	91	6	118	3	5	4

除相加之外，RFM分数还可以应用于建立顾客价值细分模型，如图4-3所示。图4-3以RFM分数为坐标轴，构成三维坐标系，再划分出125（5×5×5）个方格，代表125种顾客。其中，（5,5,5）代表价值最高的顾客，（1,1,1）代表价值最低的顾客。每个方格能呈现不同顾客的特性，如有的是刚买过产品，但是

购买次数还很少，平均购买金额也不高。然而，企业有必要将顾客分成125个类别吗？除非企业能够对应地制定125种营销策略，分别满足每种顾客的需求，否则实在没有必要进行这样的细分。

值得讨论的是，根据五等均分法的给分机制所获得的RFM分数究竟属于哪种衡量尺度下的数据？常见的做法是将RFM分数视为区间尺度数据，以便将3个分数相加并整合成一个指标。然而，RFM分数代表的是顾客价值的高低，而非顾客实质上的差异。因此，RFM分数在本质上是顺序尺度数据，并非区间尺度数据。

换句话说，将RFM分数相加是一种误用，因为顺序尺度数据无法相加。有些人甚至将RFM分数视为3个集群变量，对顾客进行集群分析，这更是错得离谱。首先，RFM分数是顺序尺度数据，根本无法作为集群变量。其次，集群分析的目的是建立几个类别，且各类人数不宜差异过大。但是只要按照RFM分数建立类别，如图4-3所示，就能保证各群人数相等，如此就没有集群分析的必要了。虽然将顾客的RFM分数输入统计软件就能得到集群分析结果，但是针对不同的研究主题，研究人员有责任去分辨什么才是正确的统计方法，而不是一味地误用。

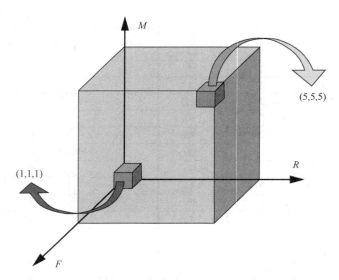

图4-3 顾客价值细分模型

2. 给分机制存在的问题

五等均分法的给分机制存在两个问题。

第一个问题是，将指标数值均分成5等份是太粗糙还是太精细？如果不需要分这么细，那么将3个指标都分成高、低两种程度，共分成8（2×2×2）个群别是否合适？或者觉得分成5等份不够，那么分成10等份，建立1 000（10×10×10）个群别是否合适？随着群别数量的增加，群内顾客的异质性会逐渐降低，同质性随之提升。群内顾客的同质性越高，样本测试结果越能反映总体特性。可是，随着群数的增加，群内顾客数也会随之减少，这又会使样本测试结果的代表性变差。因此，对于这一两难困境，企业还需要深入研究。

第二个问题是，RFM分数不一定能呈现顾客价值的差异。假设数据库中有高达40%的顾客只有购买1次的记录，如图4-4所示。虽然这些顾客有相同的购买频率，但是按照五等均分法，F分数却有1分与2分的差异。因此，如果RFM指标不服从均匀分布，使用五等均分法产生的RFM分数就无法真切地反映顾客价值。

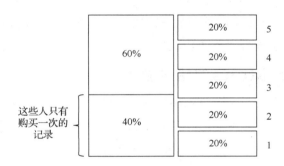

图4-4 五等均分法的缺陷：以F分数为例

4.2.2 不等比例法的给分机制

如果RFM指标不服从均匀分布，就比较适合采用不等比例法的给分机制，如图4-5所示。例如，购买1次的人数占40%，令F分数为1分；购买2次的人数占30%，令F分数为2分；购买3～5次的人数占15%，令F分数为3分；购买6～10次的F分数为4分，购买11次及以上的F分数为5分。不过，这样设定是最恰当的吗？

在设定切割点的时候，应注意各群人数不宜差异太大，尤其是各群人数不宜过少。除使用F分数定义出5个群别之后，还要按照R分数与M分数继续细分。如果F分数为5分的顾客仅占全体顾客数的5%，就要将这群顾客分配到由R分数与M分数交织构成的25（5×5）个方格之中，可以想象有些方格的人数可能过少，甚至根本没人，那这些方格的设置就没有意义。那么，到底要怎么切割才合理？

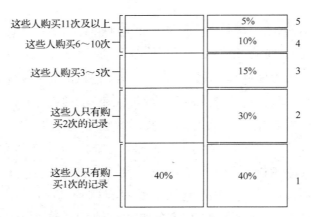

图4-5 不等比例法：以F分数为例

数据库的一个好处是可以做到完全随机抽样，确保抽出来的样本数据足以代表总体数据。研究人员可以先将样本数据输入Excel，尝试采用各种切割比例，目标是得到各群人数不要过低的结果。通过多次尝试，研究人员就能找到合理的切割比例，赋予合理的RFM分数，进而有效地进行顾客价值衡量。

4.2.3 Bob Stone的给分机制

由于根据五等均分法得到的RFM分数实质上属于顺序尺度数据，不适合进行定量分析。因此，Bob Stone（1995）提出另外一种给分机制，将RFM指标按照比例尺的概念转换成简洁的整数，如表4-4所示。例如，最近购买期间可等比例地分成最近3个月、最近3～6个月、最近6～9个月、最近9～12个月及超过12个月等，对应的R分数分别是24分、12分、6分、3分及0分。F分数则被设定为实际购买次数的4倍。M分数则被设定为平均购买金额的10%，只取整，超过9分的以9分计。

表4-4 Bob Stone的给分机制

维度	给分机制	权重
最近购买期间（R）	最近3个月为24分 最近3～6个月为12分 最近6～9个月为6分 最近9～12个月为3分 超过12个月为0分	中
购买频率（F）	实际购买次数×4分	高
平均购买金额（M）	平均购买金额×10%（最高为9分）	低

1．RFM分数各自的重要性

与五等均分法不同的是，Bob Stone是依据变量本身的尺度进行切割的，而非以人数作为切割依据，这是第一个优点。由于RFM分数各自的取值范围大小不一，因此3类分数的重要性各有不同，这是第二个优点。在表4-4中，F分数是唯一没有被设定上限的指标，即实际购买次数越多，F分数就会越高。R分数与M分数就都有上限，R分数的上限是24分，M分数的上限是9分。由此可知，顾客的RFM分数是否够高，主要由F分数决定，其次是R分数，M分数的影响最小。换句话说，Bob Stone的给分机制最重视购买频率，其次重视最近购买期间，最不重视的是平均购买金额。

　　为什么这3类分数的取值范围要如此设定呢？原则上，越有利于企业清楚辨识顾客价值高低的购买行为指标，越应该受到重视，分数范围也应该越大。由于产业特性的不同，顾客的购买行为特性也截然不同。例如，顾客在超市通常以购买日常用品为主，购买金额通常较少，顾客之间的差异也不大。因此，来超市消费的次数（即购买频率）比平均购买金额更能呈现顾客价值的差异。反之，3C卖场的顾客所能选择的产品范围很广，小到电池，大到空调、冰箱，购买金额从几十元到几万元不等，差异很大。3C产品以耐用品为主，顾客消费次数不会很多，顾客之间的差异也不大，因此平均购买金额比购买频率更能反映顾客价值的高低。

　　Bob Stone的给分机制最初是为银行的信用卡业务设计的。对于银行而言，客户的刷卡次数越多，代表其用其他银行信用卡的概率越低，对本行的忠诚度越高。刷卡金额的高低反而不重要，因为当时银行本身不卖产品，无法从刷卡金额中获利。客户通过刷卡购买的产品虽然能反映客户的产品偏好，但对信用卡业务的经营没有那么重要。因此，Bob Stone的给分机制最重视F分数，最不重视M分数。

2．给分机制的比较与调整

　　在以上三种方法中，五等均分法的给分机制与Bob Stone的给分机制是最常见的，但它们属于两种截然不同的给分机制。Bob Stone的给分机制可以根据产业特性调整RFM分数的计算公式。为了兼顾RFM指标的重要性，我们可以取消R分数与M分数的上限，计算公式与对应的Excel函数如图4-6所示，计算结果都无条件取整。

	计算公式	Excel 函数
R分数	$=2^{\left(4-\frac{R}{90}\right)}$	= INT(2^(4-INT(R/90)))
F分数	$=F\times4$	= F*4
M分数	$=\dfrac{M}{10}$	= INT(M/10)

图4-6　调整后的Bob Stone的给分机制

现以第4.2节中的20位顾客的RFM数据为例，使用两种给分机制计算RFM分数，结果如表4-5所示。由表4-5可知，使用两种给分机制的计算结果差异颇大。例如，编号为2817的顾客的顾客价值在使用Bob Stone的给分机制时排在第1，但是在使用五等均分法的给分机制时却排名第8。那么，对于这家经营办公用品的企业而言，给分机制究竟要如何设定，RFM分数才能有效地反映顾客价值的高低？在开发各种管理系统的时候，企业宜搭配Excel之类的统计软件去做一些研究，以确认参数设定的有效性。以采用Bob Stone的给分机制为例，企业可以通过对样本的切割与比对来评估哪种参数设定具有最高的信度，以此计算顾客价值。

表4-5　两种给分机制的比较

顾客编号	原始资料			Bob Stone的给分机制					五等均分法的给分机制				
	R	F	M	R分数	F分数	M分数	总分	排序	R分数	F分数	M分数	总分	排序
71	386	2	84	1	8	8	17	17	2	2	2	6	16
80	81	4	129	16	16	12	44	6	4	4	4	12	3
100	969	2	81	0	8	8	16	18	1	1	2	4	18
167	259	11	50	4	44	5	53	4	2	5	1	8	11
172	28	4	105	16	16	10	42	8	5	4	3	12	3
383	192	3	48	4	12	4	20	16	2	3	1	6	16
1277	11	3	84	16	12	8	36	11	5	3	3	11	8
1489	80	2	22	16	8	2	26	13	4	2	1	7	14
1617	696	2	71	0	8	7	15	19	1	1	2	4	18
2509	371	2	125	1	8	12	21	15	2	2	4	8	11
2640	42	2	237	16	8	23	47	5	5	3	5	13	2
2741	844	2	233	0	8	23	31	12	1	1	5	7	14
2785	771	2	52	0	8	5	13	20	1	1	1	3	20
2817	169	18	100	8	72	10	90	1	3	5	3	11	8
2876	81	9	141	16	36	14	66	2	3	5	4	12	3
2981	157	2	87	8	8	8	24	14	3	2	3	8	11
3200	70	3	142	16	12	14	42	8	4	3	5	12	3
3209	14	5	232	16	20	23	59	3	5	4	5	14	1
3297	70	5	57	16	20	5	41	10	4	4	2	10	10
3373	91	6	118	8	24	11	43	7	3	5	4	12	3

例如，如果样本是两年的交易数据，企业就可以将其切为两份，令前一年

的交易数据为建模样本（Calibration Sample），后一年的交易数据为验证样本（Validation Sample），如图4-7所示。然后企业可根据这两种样本数据计算每位顾客的RFM分数，获得顾客分别在建模样本与验证样本下的价值排序结果。企业再计算两者的顺序相关系数。该系数越接近1，代表Bob Stone的给分机制的信度越高，企业越适合以过去的RFM分数预测顾客未来的顾客价值。采用类似的做法，企业可以多尝试几种给分机制，如不等比例法的给分机制等。如果不做这些研究，企业就无法得知哪种给分机制最能够反映顾客当前的价值，以及最有助于预测顾客未来的价值。

顾客编号	建模样本（前一年的交易数据）								验证样本（后一年的交易数据）							
	原始资料			Bob Stone的给分机制					原始资料			Bob Stone的给分机制				
	R	F	M	R分数	F分数	M分数	总分	排序	R	F	M	R分数	F分数	M分数	总分	排序
71																
80																
100																
167																
172																
383																
M																

计算顺序相关系数

图4-7　样本切割与信度评估：Bob Stone给分机制

4.3　顾客价值与购买期间

RFM模型将顾客价值拆解为3个维度，如图4-8所示。不过，如果仔细探究这3个维度的顾客行为的本质，我们就会发现购买频率与最近购买期间衡量的其实是同一种顾客价值。购买频率是指顾客于整个观察期间内的购买次数；用整体观察期间除以购买频率而得到的平均天数，称为平均购买期间。购买期间是指两次交易之间的间隔天数，最近购买期间是购买期间的一种。因此，购买频率与最近购买期间在某种程度上与购买期间的意义相同。如果用平均购买金额除以平均购买期间，就可以获得顾客平均每天的购买金额。RFM分数以"分"为单位，平均每天的购买金额以"美元"为单位，后者更能体现顾客价值的实质意义，更适合用来评估顾客平均每天对企业做出的贡献。但采用这个指标也有一个问题，企业该如何掌握顾客的购买期间的形态呢？

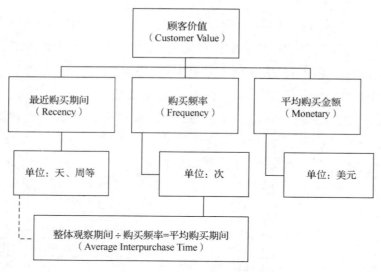

图4-8　顾客价值拆解

4.3.1　平均购买期间

　　顾客的购买记录包含购买期间与购买金额，如图4-9所示。其中，购买金额以货币符号"$"表示，该符号的大小代表购买金额的大小。在完成交易之后，顾客隔一段时间就会再次购买，如此循环往复。购买金额有高有低，购买期间也有长有短，二者都为随机变量（Random Variable）。企业可以根据顾客的购买记录，找到适当的概率分布来描述这两个随机变量的性质，进而推导每位顾客的平均购买期间（λ_i）与平均购买金额（μ_i）。将二者相除之后，企业就能获得每位客户为企业贡献的顾客价值了。

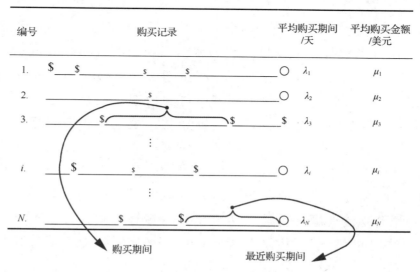

图4-9　购买期间与购买金额

从客户关系管理的角度来看,企业关心的是每位顾客的顾客价值。现以第i位顾客的购买期间为例(见图4-10),说明如何找到适当的概率分布。在图4-10中,第i位顾客有4次购买,购买期间以(t_{i1},t_{i2},t_{i3})表示;最近购买期间以t_{i4}表示。由图4-10可知,购买期间(t_{i1},t_{i2},t_{i3})长短不一,因此购买期间是一个随机变量。

编号	购买记录		平均购买期间 /天	平均购买金额 /美元
$i.$ $\$$___$\$$_____$\$$_____$\$$_____○	t_{i1}　　t_{i2}　　　t_{i3}　　　t_{i4}		λ_i	μ_i

图4-10　第i位顾客的购买期间与购买金额

数值为正值且具连续性是购买期间的特性。统计学家可根据该特性找到许多概率分布以描述购买期间的形态。初级统计学中所介绍的指数分布就是其中之一。因此我们可以推导出第i位顾客的平均购买期间(λ_i)的估计值,这称为最大似然估计值(Maximum Likelihood Estimator,MLE)。该平均购买期间(λ_i)的估计值是购买期间资料($t_{i1},t_{i2}\cdots t_{in}$)的算术平均数。换句话说,在指数分布的假设下,平均购买期间由n笔购买期间计算得到,且每个购买期间的权重都相同,都为$1/n$。值得思考的是,这样的似然函数假设是否能呈现顾客价值的真正意义?

4.3.2　加权平均购买期间

假设3位顾客A、B、C在一段期间内的购买记录如图4-11所示。在图4-11中,每位顾客都有4个"$\$$"符号,代表发生4次交易,形成3个购买期间。如果以购买频率衡量顾客价值,那么每位顾客的价值都相同,即$F=4$。然而,从购买期间的角度来看,3位顾客有明显不同的形态。顾客A的购买行为非常规律,每两次购买的间隔时间一致。顾客B前两次购买的间隔时间很短,随后逐渐变长。顾客C在第一次购买之后,间隔很长时间才再次购买,随后间隔时间逐渐变短。换句话说,即使是购买频率相同的顾客,也可能具有截然不同的购买期间形态,因此购买期间更有助于呈现顾客价值的异质性。

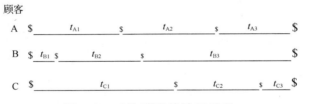

图4-11　3位顾客的购买记录

不过，如果以购买期间的算术平均数来衡量顾客价值，也无法反映A、B、C这3位顾客的价值的异质性。这是因为不管是哪位顾客，其所拥有的3个购买期间的总和都为总观测期间的长度（T），即$t_{i1}+t_{i2}+t_{i3}=T$，因此算术平均数都为$T/3$。换句话说，算术平均数虽然简单易懂，但因无法准确地反映购买期间形态的异质性，对于企业后续的营销决策也就没有太大的帮助。

企业如果要根据购买期间的形态掌握顾客的价值，那么不应该使每期数据的权重与算术平均数一样完全相同。对于企业而言，距离今天越接近的数据，越有助于预测顾客的未来价值，应被赋予越大的权重。在考虑各期数据权重不一的原则下，加权指数分布是适当的假设。经过推理求解（推导过程略），可以得到平均购买期间（λ_i）的加权最大似然估计值（Weighted MLE，WMLE）。该加权平均购买期间（λ_i）的估计值就是购买期间（$t_{i1},t_{i2}\cdots t_{in}$）的加权平均数。其中，购买期间（$t_{ij}$）由远到近的权重分别是（$\frac{1}{\sum j},\frac{2}{\sum j},\cdots,\frac{j}{\sum j}$），距今越近的购买期间有越大的权重。以图4-11为例，每位顾客都只有3个购买期间，因此$j=1,2,3$，而第j个购买期间的权重为：

$$w_j=\frac{j}{1+2+3}=\frac{j}{6} \qquad j=1,2,3 \qquad (4-1)$$

如式（4-1）所示，因为第1期数据距离现在最远，因此权重最小，即$w_1=1/6$；而第2期数据的权重居中，即$w_2=2/6$；第3期数据距今最近，因此权重最大，即$w_3=3/6$。如果将权重考虑进来，那么3位顾客的加权平均购买期间计算如下：

$$\text{WMLF}_A=\frac{1}{6}\times t_{A1}+\frac{2}{6}\times t_{A2}+\frac{3}{6}\times t_{A3}\approx\frac{T}{3}$$
$$\text{WMLF}_B=\frac{1}{6}\times t_{B1}+\frac{2}{6}\times t_{B2}+\frac{3}{6}\times t_{B3}>\frac{T}{3} \qquad (4-2)$$
$$\text{WMLF}_C=\frac{1}{6}\times t_{C1}+\frac{2}{6}\times t_{C2}+\frac{3}{6}\times t_{C3}<\frac{T}{3}$$

在式（4-2）中，$T/3$是3位顾客相同的平均购买期间，即MLE。在图4-11中，3位顾客的购买期间形态反映在MLE与WMLE的比较结果上。例如，顾客A的购买期间很固定，每期数据几乎相等，因此$\text{WMLE}_A\approx\text{MLE}_A$。顾客B的购买期间有越来越长的趋势，由于近期数据的重要性高于早期数据，因此$\text{WMLE}_B>\text{MLE}_B$，代表顾客B拥有较低的价值。同理，顾客C的购买期间有越来越短的趋势，因此$\text{WMLE}_C<\text{MLE}_C$，代表顾客C拥有较高的价值。

4.4　活跃性与RFM分析

4.4.1　ARFM模型

我们可根据购买期间的算术平均数与加权平均数的比较结果创造一个新的顾客价值衡量指标，称为活跃性指标（Customer Activity Index，CAI），其计算公式如下：

$$CAI = \frac{MLE - WMLE}{MLE} \times 100\% \qquad （4-3）$$

如果购买期间的算术平均数与加权平均数大致相等，那么CAI ≈ 0，即顾客的购买行为非常规律。如果购买期间的算术平均数明显大于加权平均数，那么CAI > 0，代表越近的购买期间越短，也就是顾客的购买行为越来越活跃（Active），这是企业乐于见到的现象。反之，如果购买期间的算术平均数明显小于加权平均数，那么CAI < 0，代表距今越近的购买期间越长，即顾客越来越沉寂（Inactive），这时企业须考虑是否要采用预防措施[1]。

企业可结合CAI和RFM指标进行顾客价值分析，由此建立的模型称为ARFM模型。顾客活性分布图如图4-12所示。位于第一象限的活跃-忠诚顾客群（Active-Loyal Customers）的价值最高，这类顾客最应该受到企业的优待。位于第四象限的不活跃-重度使用顾客群（Inactive-Heavy Usage Customers）最令企业头痛，因为他们本来是忠诚顾客，但是活跃性相对较低。企业应该及时通过客服中心主动联系这群顾客，逐一询问顾客渐渐不跟企业往来的原因。对于活跃—潜力顾客群（Active-Potential Customers）与不活跃顾客群（Inactive Customers），企业应该采用不同的CRM策略。

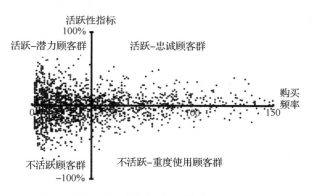

图4-12　顾客活跃性分布图

---

[1] Jen, Lichung and Shih-Ju Wang (1998), "Incorporating Heterogeneity in Customer Valuation: An Empirical Study of Health Care Direct Marketing in Taiwan," *International Journal of Operations and Quantitative Management*, 4(3): 217-228.

4.4.2　刷卡行为的活跃性分析

现在以银行的信用卡业务为例，进一步说明如何使用CAI进行顾客价值分析。我们随机抽取2万名客户，其近2年内的刷卡记录的摘要如图4-13所示。这2万名客户共拥有43 511张信用卡，也就是每位客户平均拥有约2.18张信用卡。在剔除刷卡金额为负值（如退货退刷）的数据后，总刷卡笔数约有147万笔，平均下来每人在2年内大概刷了73.58次信用卡，也就每人每年使用该行信用卡约37次，每个月使用约3次。

❖　总客户数：20 000名
❖　总信用卡数：43 511张
❖　总刷卡笔数：1 471 507笔[#]
❖　平均每位客户约持有2.18张信用卡
❖　平均每位客户在2年内约刷73.58次信用卡

[#]刷卡金额大于0元。

图4-13　客户刷卡记录的摘要

这些数据是否属于大数据？虽然客户有2万名，刷卡记录约有147万笔，看起来数据量很大，但是平均下来之后，每位客户2年内只有约74笔刷卡记录。更何况，这74笔刷卡记录涉及食、衣、住、行、育、乐等各方面。如果银行想要分析客户在食品方面的消费情况，或者在出国旅游方面的消费情况，那么每名客户又能有几笔数据可供分析呢？从客户关系管理的角度来看，这些数据其实一点也不多。

为测试CAI的预测能力，首先，我们将2年的刷卡记录分成两个样本，将第一年的刷卡记录视为建模样本，第二年的数据视为验证样本。其次，将同一客户于同一天的多笔刷卡记录整合为同一笔。然后，仅使用第一年的刷卡记录（即建模样本）去计算每位客户的CAI值[1]。现挑出3位客户的计算结果，呈现CAI与刷卡间隔天数的关系，如图4-14所示。在图4-14中，横轴代表客户的刷卡时序，即第1次刷卡、第2次刷卡等；纵轴是刷卡间隔天数。

首先是编号为18364的客户，其CAI值几乎等于0，这代表刷卡间隔天数非常稳定；图4-14（a）也显示间隔天数的时序变化相当平稳，该客户属于稳定刷卡客户。其次是编号为9223的客户，其CAI值为负值，这代表越是靠近现在

---

[1] 为了确保CAI的代表性，仅保留于第一年内刷卡次数至少为5次及5次以上的客户的数据，最终共有14 635位客户被保留。

的刷卡间隔天数越长；图4-14（b）亦显示初期的刷卡间隔天数为5天左右，然后渐渐拉长到后期的二三十天，该客户属于渐趋静止客户。最后是编号为1290的客户，其CAI值为正值，这代表越靠近现在的刷卡间隔天数越短；图4-14（c）亦显示初期的刷卡间隔天数长约30天，但到后期已逐渐缩短为约5天，故该客户属于渐趋活跃客户。

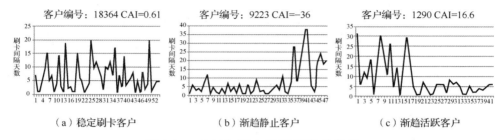

图4-14 CAI与刷卡间隔天数的关系

将所有客户的CAI值按由小到大的顺序排列，绘制CAI的累积相对次数曲线，如图4-15所示，横轴是CAI，纵轴是累积人数比例。统计结果显示，CAI值的中位数是0.64，这代表约有一半客户的CAI值低于0.64，另外一半客户的CAI值高于0.64。此处按照80/20原则，使用第80百分位数（即10.40）与第20百分位数（即-10.92）作为切分点，将客户区分为排名前（Top）20%群、排名后（Bottom）20%群，以及中间群。其中，Top 20%群的CAI值最高，该群称为渐趋活跃群；Bottom 20%群的CAI值最低，该群称为渐趋静止群；居中者称为稳定刷卡群。

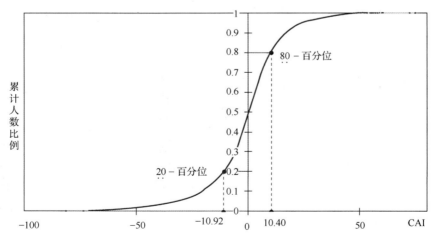

图4-15 CAI的累积相对次数曲线

这3群人的消费日平均刷卡金额与平均刷卡间隔天数如表4-6所示。由表4-6可知，这3群人的消费日平均刷卡金额没有明显的差异；平均刷卡间隔天数最少的是稳定刷卡群，其次是渐趋活跃群，最长的是渐趋静止群。然而，以上分析结果都是已经实现的顾客价值，除非企业能够据此准确地预测客户的未来价值，否则计算CAI对于制定营销决策没有太大的帮助。

表4-6   3群人的消费日平均刷卡金额与平均刷卡间隔天数

群别	客户人数	人数比例	消费日平均刷卡金额/元	平均刷卡间隔天数
渐趋活跃群	2 928	约20%	2 807.57	10.17
稳定刷卡群	8 764	约60%	2 648.73	8.15
渐趋静止群	2 639	约20%	2 868.60	15.61

4.4.3　CAI的预测能力

CAI的用途是让企业根据过去的购买期间，预判客户在未来会更频繁地消费或者逐渐停止消费。为测试CAI的有效性，我们除了以第一年的刷卡记录计算每位客户的CAI值，再以第二年前半年的刷卡记录作为验证样本，进而评估客户的未来刷卡进度是否会随着CAI值的变化而变化。客户第二年前半年刷卡进度的计算公式如下：

$$第二年前半年的刷卡进度 = \frac{第二年前半年的刷卡次数}{第一年的刷卡次数} \qquad (4\text{-}4)$$

在式（4-4）中，我们以第一年的刷卡次数作为客户每年刷卡次数的估计值。如果客户的刷卡进度稳定，那么第二年前半年的刷卡次数应为整年刷卡次数的一半，也就是第二年前半年刷卡进度应为50%。如果第二年前半年刷卡进度超过50%，就代表进度超前；反之如果第二年前半年刷卡进度低于50%，就代表进度落后。

在表4-6中，企业根据客户在第一年的CAI值，将客户区分为渐趋活跃群、稳定刷卡群和渐趋静止群，将各群在第二年前半年的刷卡次数除以第一年的刷卡次数，得到第二年前半年刷卡进度，如图4-16所示。根据定义，渐趋活跃群在第一年的CAI值高于其他两个群，图4-16中也显示该群在接下

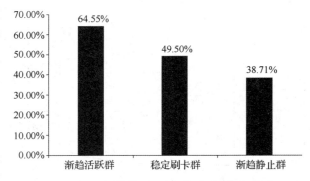

图4-16   3个群的第二年前半年刷卡进度

来半年（即第二年前半年）的刷卡进度为64.55%，即刷卡进度已经超前。稳定刷卡群在接下来半年的刷卡次数几乎是整年度刷卡次数的一半，这代表其刷卡进度与去年相似。渐趋静止群的第二年前半年刷卡进度明显小于应有的50%，只有38.71%。由此可知，根据CAI值所建立的顾客价值群能够有效预测客户在未来的刷卡进度会超前、持平或落后。

　　CAI也可用来预测客户的购买期间形态。图4-17呈现了CAI值各异的3位客户在观测期间（第一年）的刷卡间隔天数形态。图4-17是图4-14的延伸，补上了客户在接下来半年（第二年前半年）的刷卡间隔天数变化。由图4-17（a）可知，编号为18364的客户在第一年的CAI值为0.61，被评估为稳定刷卡客户；其在第二年前半年的刷卡间隔天数维持稳定，这代表观测期间与预测期间的CAI值高度一致，即CAI的信度很高，有良好的预测能力。图4-17（b）中的客户被评估为渐趋静止客户，其在预测期间的刷卡间隔天数较为稳定，CAI的预测能力有所下降。图4-17（c）中的客户被评估为渐趋活跃客户，其在预测期间的刷卡间隔天数有缩短的趋势，因此CAI的信度良好。虽然对个别客户来说，CAI的预测能力有高有低（见图4-17），但是总体而言，3类客户在预测期间的刷卡行为的确符合CAI值的变化（见图4-16），这说明CAI是良好的衡量顾客价值的指标。

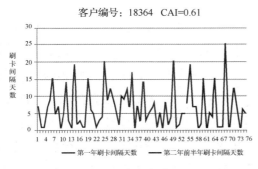

（a）稳定刷卡客户

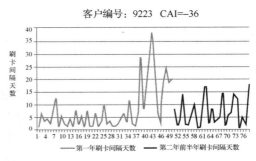

（b）渐趋静止客户

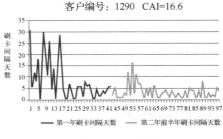

（c）渐趋活跃客户

图4-17　观测期间与预测期间的刷卡间隔天数形态

4.4.4 监控CAI的变化

每位客户的CAI值并非固定不变，企业构建的CRM系统要能让CAI值随着客户刷卡记录的新增而变化，这样企业就能定期地监控每一个客户的CAI值的变化，然后及早防范客户变为"静止户"（Dormant Account）的情况。图4-18所示是6位客户的CAI值的变化趋势。编号为6598和4609的客户，其CAI值很稳定地在0%附近波动，这代表他们持续是稳定刷卡客户。然而，编号为6595的客户的CAI值几乎持续下降，代表这位客户在持续地拉长刷卡间隔天数，最后极可能变成"静止户"。

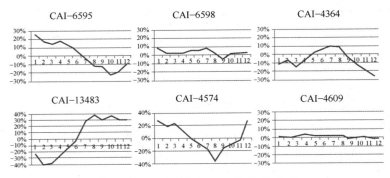

图4-18　6位客户的CAI值变化趋势

值得注意的是，根据CAI值的变化判断客户是否会变为"静止户"的做法，很有可能与现实中银行采用的判断标准相悖。银行常用的判断标准是，客户最近一次刷卡日期距离今天的时间（R）超过一个月以上者，该客户则被视为"静止户"。银行将"静止户"分为3种类型，超过一个月未刷卡的客户称为D1，超过两个月未刷卡的客户称为D2，超过半年（6个月）未刷卡的客户称为D6。然而，这样的判断标准只使用一笔数据（即R）作为判断依据，完全没有考虑客户刷卡间隔天数的变化趋势。那些被银行判定为静止户的客户，也许刷卡间隔天数正在逐渐缩短，不久就会摆脱"静止户"这个身份。银行的这一判断标准会使其减少甚至停止对这类客户的营销活动，这无疑是让银行放弃了有利可图的潜在市场。

4.5　顾客终身价值

4.5.1　顾客交易稳定度分析

1. 平均数的代表性

4.3节和4.4节针对购买期间提出算术平均数（MLE）与加权平均数（WMLE）

两个估计值，用于预测客户未来的购买期间形态。根据统计理论，平均数是最好的预测工具，平均数相较于其他预测值的优点是有最小的误差平方和（SSE）。平均数只是一个数值，用于预测一组由n个观察值所构成的样本数据，但这似乎尚显不足。统计理论使用概率分布描述随机变量的数据特性，呈现数据中每个数值的发生可能性。如果数据的离散程度较小，次数分布曲线就较为高耸集中，代表客户的同质性较高，平均数就比较能够代表全体客户的行为；根据平均数做出的决策，风险也会比较低。反之，如果数据的离散程度较大，次数分布曲线就较为低阔分散，代表客户的异质性较高，此时平均数的代表性降低，决策风险也就随之提高。

常见的数据挖掘工具通常将数据库中的所有数据全部纳入分析，使样本数（n）大为增加，甚至多到标准差几乎等于0的程度。这样的做法虽然能让决策风险降低到0，但也不符合实际。世界上没有任何预测能够确保具有零风险。然而，这并非意味着标准差的计算有误，而是要在一个有限的样本数之内，标准差才有意义。这也说明了抽样的重要性，正确的做法是先通过随机抽样从数据库中选取一定数量的样本数据后，再进行分析。将数据库中的全部数据纳入分析反而是错误的做法。

2. 个人估计、群体估计与贝叶斯统计

大数据营销的重点在于描述每一位客户的行为特征，基本上有两种方法。第一种方法是进行个人估计（Individual Estimate，IE），如估计个人平均购买期间、个人平均购买金额等。企业可以通过会员制度的建立，记录每位客户的交易数据。第二种方法是进行群体估计（Group Estimate，GE），如估计购买期间的总平均数（$\bar{\lambda}$）与购买金额的总平均数（$\bar{\mu}$）。企业将所有人的数据全部相加之后，算出一个总的平均数，就可以以此预测每一个人的购买行为。

个人估计与群体估计虽然各有优缺点，但彼此互补。个人估计的优点是可以预测每个人的异质性，缺点是个人数据少，标准差过大。相比之下，群体估计的优点是群体数据多，标准差小，缺点是仅以单一群体估计值预测所有客户的行为，忽略了每位客户的异质性。因此，学者们开始思考发展一种新的估计方法，以结合个人估计与群体估计的优点，消除其缺点。

贝叶斯统计（Bayesian Statistics）假设个人参数是随机变量，其服从的后验分布（Posterior Distribution）的平均数，称为贝叶斯估计（Bayesian Estimate，BE）。从概念上看，贝叶斯估计相当于群体估计与个人估计的加权平均，即$BE=w_1GE+w_2IE$。其中，权重（w_1,w_2）的大小与标准差呈反向关系。GE的标

准差明显小于IE，这代表GE的稳定性比IE高，因此$w_1>w_2$，促使BE向GE靠近。

3. 交易稳定度指标

　　IE、GE、BE呈现了不同数据源的估计结果。我们根据三者的比较结果，创造了一个新的顾客价值衡量指标，并称之为交易稳定度指标（Customer Reliability Index，CRI）。如果估计结果显示，BE比较接近GE而非IE，则代表GE的稳定度高于IE。这也意味着个人的交易数据相对于群体而言，尚未形成一个稳定的形态，客户的交易稳定度较低。

　　BE与IE的差距越小，CRI值越大，代表个人交易数据的形态越稳定。如果BE与IE的差距变大，就代表BE越靠近GE，也就是BE比较依赖群体交易数据，因为个人交易数据的形态并不稳定，导致CRI值变小。

　　无论是RFM指标、CAI，还是CRI，其目的都是从庞杂的数据之中确定每位客户的消费形态，供决策人员参考。将这些指标植入CRM系统之后，就算每天都有大量的数据输入CRM系统，CRM系统也能通过简单的计算，从每日更新的数据库中摘要出各项指标，呈现客户的行为特性。再根据各项指标对客户进行排序，将排名在Top 20%或Bottom 20%的客户挑选出来作为目标客户（根据80/20原则），制定专属的营销策略。例如，CRI值位居Top 20%的客户可被视为稳定群，其交易稳定度非常高，价值也最高。相反，CRI值位居Bottom 20%的客户是购买行为尚未稳定的高风险群，企业应该向这个群体多投入一些营销资源，想办法让他们的购买行为稳定下来，不然他们就会慢慢流失。

4. 后验分布与MCMC估计方法

　　贝叶斯统计与传统统计最大的不同之处在于，前者认为参数并非是未知的固定数值，而是服从特定概率分布的随机变量。传统统计借助最大似然法，也就是极大化由样本数据构成的联合概率分布（或称为似然函数），进行参数估计。贝叶斯统计则认为样本的似然函数只是参数估计的信息之一，必须再与参数的先验分布（Prior Distribution）结合形成后验分布（Posterior Distribution），作为参数估计的依据。

　　贝叶斯统计常使用马尔可夫链蒙特卡洛（Markov Chain Monte Carlo，MCMC）估计方法去计算后验分布的参数值。MCMC估计方法通过一个重复迭代的过程，利用后验分布模拟产生参数的候选值，再代入其他后验分布，再产生其他参数的候选值。在迭代的过程中，随着后验分布的更新，新的参数候选值持续产生。只要迭代次数够多（如迭代5 000次），每个参数最后产生的候选值（如最后500个候选值）将收敛到一个稳定的概率分布中，而这些候选值的算术平均数就是参数的贝叶斯估计值。许多统计软件，如R语言、矩阵语言软件包（Gauss）、统计分析系统（SAS）、商业数学软件（Matlab）等都有现成的MCMC程序代码可供修改使用，这让贝叶斯估计可落实在CRM系统中。

4.5.2 对购买期间模型的反思与顾客静止的预测

假设购买期间服从指数分布是很常见的模型设定，但该设定是否适当是一个值得思考的问题。除追求概率模型与样本数据的适配度之外，概率模型更需要符合顾客的行为逻辑，这样估计出来的参数才更具有营销意义。我们从危险率（Hazard Rate）的角度，重新思考购买期间模型是否符合顾客行为的一般逻辑，进而决定适当的模型设定。

1. 危险率的意义

长久以来，最近购买期间（R）是业界常用的顾客价值衡量指标之一，但事实上这个指标对于实务操作没有太大的帮助。执行一个营销策略的最终目的是引发购买行为。最近购买期间描述的却是到目前为止顾客"尚未"发生购买行为的天数。但换个角度来看，企业更关心的是顾客在$R=30$的条件下，即已经30天没购买的条件下，当下会发生购买行为的可能性有多高？

统计学将该可能性称为危险率。危险率的定义来自存活分析，描述样本在已经存活t单位时间的条件下，却在之后以极小时间单位瞬间失败的条件概率密度函数，该函数表示为$h(t)$。在购买行为分析中，危险率可用来描述在最近购买期间是t单位时间的条件下，顾客当下发生购买行为的可能性。

2. 指数分布的限制

对危险率有一定的认识之后，我们可进一步反思购买期间模型的设定是否恰当。如果使用指数分布来设定购买期间模型，那么危险率就会变成一个固定数值，与购买间隔天数没有任何关系。根据顾客行为理论，该结果并不合理。也就是说，虽然以指数分布来设定购买期间模型，容易推导出参数的贝叶斯估计值及危险率模型，但是对危险率的预测显然违反顾客行为的一般逻辑。因此，简单的模型假设可能会造成错误的推导结果，复杂的现象需要借助复杂的模型才能得以彰显。

3. 危险率的形态

根据顾客行为理论，一个合理的危险率形态应该是什么样的呢？当$t=0$时，顾客才刚刚购买过，再次购买的可能性应该很低。随着时间的流逝，上次购买的存货逐渐被消耗，顾客再次购买的可能性提高。因此，合理的危险率形态应该是一开始很低，随着最近购买期间的拉长而越来越高；但当最近购买期间超过平均购买期间而显得过长之后，危险率则会随着最近购买期间的拉长而逐渐降低。如果以上论述是正确的，那么现在要解决的问题是，要使用哪种概率分布来设定购买期间模型，才能推导出单峰型的危险率形态？答案是一般化伽玛（Gamma）分布，由此设定的购买期间模型可以根据危险率来预测顾客是否会成为"静止户"。

4.5.3 价值迁徙形态与预测

到目前为止，我们已了解许多衡量顾客价值的指标，如RFM指标、CAI、CRI、h(t)等。随着交易记录的日益积累，衡量顾客价值的指标也在随时更新，这有利于企业锁定高价值顾客并开展营销活动，或者关怀潜在顾客以避免其真正流失。除已实现的顾客价值之外，企业更重视顾客未来价值的变化。

1. 顾客的终身价值的含义

从客户关系管理的角度来看，企业着眼于降低客户关系的维系成本，以增加顾客在未来可能为企业带来的收益总和，即顾客终身价值（Customer Life Value，CLV）。常见的CLV计算公式与财务管理中的净现值公式类似，是指将顾客在往后各期对企业贡献的价值，一一折现，并计算现在的顾客总价值。

顾客终身价值的计算涉及许多要素，如果单靠企业主观的想法来决定这些要素，计算结果很可能与实际状况相去甚远。首先，由于每位顾客的购买行为各不相同，其价值也就具有异质性，因此企业不适合采用统一的利润函数。其次，折现率代表每位顾客在未来各期实现价值的可能性，也会因人而异。最后，每位顾客的保留率也各不相同。然而，即使正确估算出每位顾客的终身价值，这对于后续的营销策略实施也没有太大的作用。客户关系管理的重点是时刻监控顾客价值的变化，而不是只计算出顾客终身价值这样的单一数据。

2. 顾客价值迁徙形态

掌握顾客的顾客价值的增长历程，远比计算顾客终身价值更具有营销意义。顾客的价值由多个指标构成，如购买金额、购买频率、活跃性等。这些指标的变化趋势，称为顾客价值迁徙形态（Customer Value Migration Pattern），如图4-19所示。企业以购买金额与购买频率建立一个顾客价值分析架构，根据顾客的交易记录，计算出两个指标的数值，进而判断顾客现在是图4-19中右上角的最有价值顾客，还是左下角的最低价值顾客。更重要的是，企业要观察顾客交易记录的变化，判断顾客的价值是在增加还是减少。

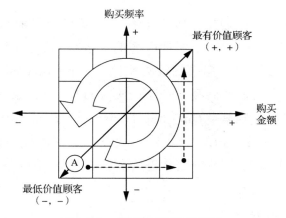

图4-19　顾客价值迁徙形态

例如，顾客A最初的购买频率低、购买金额少，其属于最低价值顾客。但随着交易记录的累积，其价值开始变化：可能是先增加购买金额再提高购买频率，或先提高购买频率再增加购买金额，也可能同时提高或增加，等等。掌握每位顾客的价值迁徙形态，有助于企业制定营销策略。问题在于，企业应如何预测每位顾客的顾客价值迁徙形态？

3．马尔可夫链模型

现将顾客价值切割成16个方格，每个方格代表一种价值状态，如图4-20所示。举例来说，假设顾客目前的价值状态是①，如果未来各期的状态演变是先增加购买金额，再提高购买频率，那么可能的迁徙路径为①→②→③→④→⑧→⑫→⑯。同理，顾客的价值状态变化也可能服从其他迁徙路径。通过适当的统计模型，企业得以计算顾客的价值状态变化服从不同迁徙路径的可能性，并以可能性最大的迁徙路径预测顾客未来的价值状态，作为营销决策的依据。

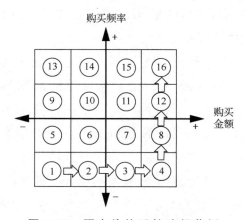

图4-20　顾客价值迁徙路径范例

稳定型马尔可夫链模型假设未来的状态演变只与目前状态有关，与过去的状态变化无直接关系，这适用于估计顾客的价值状态变化服从不同的迁徙路径的可能性。该模型假设随机变量的状态空间（State Space）共存在S种状态，如图4-20中存在16种状态。而顾客在下一期（$t+1$）的状态只与本期（t）状态有关，以一阶转移概率矩阵（One-Step Transition Probability Matrix）描述［简称转移矩阵（Transition Matrix）］。换句话说，只要能够估计出顾客的转移矩阵，企业就能够计算出顾客的价值状态变化服从不同迁徙路径的可能性，进而预测顾客未来的价值状态。

4. 转移矩阵的估计

顾客的各期交易记录可被定义为购买状态数据，进而建立连续两期状态的次数分布。首先，选取适当的时间单位，将顾客在观测期间的交易记录转换为时间序列数据。然后，建立连续两期状态的次数分布。连续两期状态的次数分布可转换为联合概率。

然而，个人交易记录数量太少，不一定会平均分散在图4-20所示的16种价值状态之中，因此有些价值状态的次数势必为0，这会导致有些转移概率无法计算。但结合前面介绍的贝叶斯估计、群体估计与个人估计，我们就能够有效解决个人数据稀少所造成的问题。例如，贝叶斯多项式模型、层级贝叶斯Probit模型、层级贝叶斯Logit模型等都能建立个人的转移矩阵。推导内容请参考相关研究，此处略。

本章所介绍的CAI有助于企业观察顾客行为的形态与变化。如果顾客的CAI值过低，那么顾客未来很有可能变成静止户。为避免此种情形发生，企业可以设定一个门槛值，作为静止户预警系统的判断标准。只要顾客的CAI值低于这个门槛，静止户预警系统将马上列出名单，企业就可以针对这些顾客采用预防措施。建议企业选取CAI值的第20百分位数作为门槛值，将CAI值位于Bottom 20%的顾客视为潜在静止户。

RFM模型采用3个指标衡量顾客价值。但是，购买频率（F）与最近购买期间（R）并不能够充分表达顾客价值。购买期间同时具有购买频率与最近购买期间的意义，是更好的指标。而且，购买期间不仅因人而异，还会因每笔交易而异，因此其变化形态能够反映顾客价值的异质性。为了呈现个人购买期间的变化形态，每笔数据的权重应有所不同。由于越靠近现在的数据越有助于预测未来的顾客价值，因此其应被赋予越大的权重。通过对购买期间的加权平均数与算术平均数的比较，我们建立了一个能够反映消费进度的指标，称为活跃性指标（CAI）。活跃性指标衡量的是动态的顾客价值，能够预测顾客未来的消费进度；RFM指标只能描述顾客价值的静态结构。相比之下，活跃性指标的预测能力更佳，更有助于提升营销活动的成效。

简而言之，大数据营销就是要建立一些运算机制，从庞杂的顾客数据库中摘要出具有营销意义的指标。除此之外，企业必须根据相应的分析结果，研究各种营销策略并加以执行；然后通过这些运算机制，持续监控每位顾客的行为是否产生变化，进而检验营销策略的效果。在执行层面上，CRM系统甚至不必呈现这些复杂的运算机制，定期根据顾客数据更新统计模型中的参数估计值即可。通过定期更新的运算机制，CRM系统得以筛选出最新的目标顾客名单，呈现在系统接口上面，让企业可以对其进行一对一营销。

课后习题

1. RFM指标是什么？
2. CAI的作用是什么？CAI与RFM指标的不同之处是什么？
3. 如何计算CAI值？
4. ARFM模型的含义是什么？
5. 什么是顾客终身价值？

实操练习

【实操目的】对本章所学知识逐一进行实操练习，真正做到理论联系实际。

实操1：整理给定的原始数据并分别计算出R、F、M。

实操2：在实操1的基础上，画出F和M的散点图，并对顾客分类结果加以解读。

实操3：计算每个顾客的CAI值，并画出ARFM模型的散点图，再对顾客分类结果加以解读。

实操4：监控CAI值的变化，计算每一位顾客的多个CAI值，并选出3类典型顾客画出折线图并对结果进行解读。

微课堂

如何实现实操2

第5章 基于因素分析的购物篮分析

　　随着卖场规模的扩大与购物网站的兴起,消费者在一个地点就能一次性购足各式各样需要的产品。两件产品被同时购买,可能是因为产品之间具有互补性(如眼镜框和眼镜片),或者是因为处于同一个购买周期(如啤酒与尿布),或者是基于其他无法被观察到的理由。企业如果能善用产品被同时购买是因为彼此相互关联的思维,就能够主动挖掘消费者的潜在需求,并通过交叉销售或产品推荐等营销策略,有效增加消费者的购买金额。

　　市场购物篮分析(Market Basket Analysis),简称购物篮分析,泛指根据交易记录探索产品关联性的所有方法。在数据挖掘工具中,关联规则(Association Rules)常应用于购物篮分析,以评估两件产品被同时购买的可能性,可能性高就将其归入同一个购物篮。本章除讨论开展购物篮分析应该注意的问题之外,还会介绍其他探讨变量相关性的方法,以取代关联规则。

学习目标

【知识目标】

1. 了解产品关联性的相关系数。
2. 理解数据缩减检测的信度分析的相关内容。
3. 掌握购物篮分析与因素分析的相关内容。

【素养目标】

1. 培养基于因素分析的购物篮分析观念。
2. 基于因素分析建立营销理论与统计模型相结合的思维框架。

引例

基于购物篮分析的银行财富管理产品精准推荐实例

某银行有200多万名授薪客户（代发工资），在日常业务中经常要面临向这些客户推荐合适的理财产品、保险等问题。该银行之前接受过某知名咨询公司近3年的咨询服务，拟通过相关分析进行产品推荐，将理财、保险和基金这三大类产品细分成13种小类的产品，如将理财产品细分成封闭型理财产品、周期型理财产品、开放型理财产品3个小类，再通过相关性分析等进行产品推荐。遗憾的是，分析的效果不佳，主要原因有产品相关性不强（13种银行产品需要计算78个相关系数）等，该银行最终未能实现对这3类产品的精准推荐。

笔者在帮助该银行作大数据营销诊断时另辟蹊径，通过探索性因素分析进行购物篮分析，最终将这13种产品分入5个购物篮。不仅如此，笔者还进一步根据每位客户对不同购物篮的偏好程度排序，进行购物篮的推荐，实现对客户的精准推荐。为验证产品推荐的真实效果，笔者建议该银行抽取1 172名客户进行验证，其中1 140名客户作为执行组。对该组客户，CRM系统会推送线索至营销人员，之后营销人员再对这些客户进行对应购物篮的推荐。剩下的32名客户（约为总体的3%）作为对照组。该银行对对照组客户按原有的形式开展维护营销。上述方案执行3周后的最终成效如下：执行组营销成功率为12.7%，对照组营销成功率为3.1%。该结果表明根据购物篮进行产品推荐的效果显著，该银行可据此实现产品的精准推荐。

> ### 案例思考
>
> 1. 你（或你所在的公司）在日常购物时常接触到的产品推荐方式有哪些？效果如何？
> 2. 上述案例对你有何启示？

5.1 "啤酒+尿布"案例的反思

购物篮分析最经典的案例是关于美国零售企业沃尔玛的。早在20世纪90年代，沃尔玛就已经针对各门店的交易记录进行分析，并意外地发现最常跟尿布一起销售的产品竟然是啤酒。后续的问卷调查揭示了隐藏在尿布与啤酒背后的行为模式。在美国，一些年轻的父亲下班后经常到超市去买婴儿尿布，而其中约4成的人同时会为自己买一些啤酒。事实上，先生们下班后去超市主要是为观赏周末赛事购买想喝的啤酒，但是因为太太们的叮嘱他们也顺手买回尿布。有了这一市场认知后，沃尔玛开始在尿布区摆上啤酒架，甚至在啤酒区摆上销量较差但价格较高的尿布，进行交叉销售（Cross-Selling），结果两件产品的销售量都有明显的上升。但是在这个经典案例中，有两个问题值得深思：如何挑选购买行为相似的客户以及如何界定适当的产品范围？

5.1.1 挑选购买行为相似的客户

在进行购物篮分析之前，企业应先按照客户的购买行为对客户进行分群，再就各群客户特征分别进行购物篮分析。案例中，形成"啤酒与尿布"这个组合购买行为的原因主要是年轻父亲，也就是家中有婴儿的客户。当时，沃尔玛的客户可能以年轻家庭为主，所以交易数据库中才会产生"啤酒与尿布"这个产品组合。但是时至今日，这个产品组合可能不再合适。沃尔玛如果仍然对所有客户的交易数据进行购物篮分析，"啤酒与尿布"的关联性必然会被单身客户的交易数据削弱，营销人员也就无法发现这个有利的产品组合。例如，处于不同家庭生命周期阶段的客户的购买行为截然不同。企业可以先将客户分成单身群、年轻家庭群、成熟家庭群、空巢群等群别，再分别进行购物篮分析，这样才有利于产生具有营销意义的产品组合。

作为本书作者之一的任教授曾经在20世纪90年代协助西尔斯百货公司（以下简称"西尔斯"）进行购物篮分析。西尔斯很早就采用会员制，因此积累了大量客户的交易记录。分析结果显示，去过厨具区域的客户通常也会去男性内衣裤区域。乍看之下，厨房用品与男性内衣裤这两种产品似乎无关，但交易记录分析结果显示这两种产品彼此互补。原因很简单，因为当时的分析对象是家庭主妇这个群体。家庭主妇逛百货商场时除购买厨房用品外，也会顺便帮自家先生购买生活必需品，如内衣裤等。

啤酒与尿布、厨具与内衣裤这两个购物篮是否具有营销意义，取决于其是否符合目标客户的购买行为特性。试想，如果分析对象是单身客户，则购物篮中出现啤酒与尿布的产品组合就会有点奇怪。同理，如果以单身女性客户的交易记录进行购物篮分析，却得到厨具与男性内衣裤的产品组合，就会让人怀疑在数据整理和分析过程中某些环节出现了问题。所以分析人员要就数据分析结果和业务人员进行讨论和确认，才能使其有效指导实践。

5.1.2 界定适当的产品范围

企业在做产品推荐时，所采用的机制可以分为两种。第一种机制是按照产品的实体属性，建立一个产品树（Product Tree）。以冷冻食品为例，企业可以先按照用途将其分为冷冻甜食、冷冻蔬果、冷冻餐食等三大类，在每一大类下面再进行细分，如图5-1所示。图书馆也使用同样的方法对书籍进行分类。第二种机制是根据客户的购买行为决定产品的关联程度，也就是做购物篮分析。

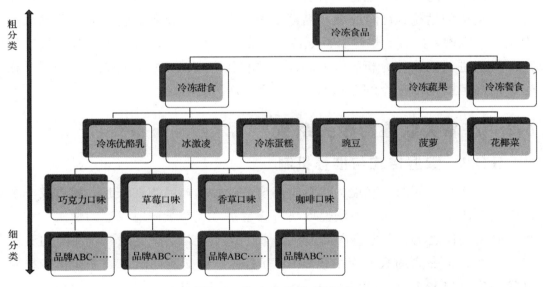

图5-1 冷冻食品的产品树

常见的产品推荐机制是在同一个产品层次上进行数据分析的。如果分析结果显示某两个产品经常被同时购买，企业很容易从产品的实体属性角度去解释产品的关联性，进而提高推荐系统的可信度。例如，在冰激凌分类下，如果分析结果显示经常买草莓口味冰激凌的人也常买巧克力口味冰激凌，毫无疑问这两个口味的冰激凌很适合构成互相推荐的产品组合。

当然，冰激凌也可能跟冷冻食品以外的产品构成产品组合。但是，如果要进行跨类别产品的推荐，就必须分析更多的交易数据。例如，在同一个产品层次上进行推荐，推荐系统只需考虑少数几种产品，如冰激凌的推荐系统只需考虑多种口味冰激凌的购买记录。如果要进行跨类别产品的推荐，那么推荐系统必须纳入更多种类的产品，需要处理的数据量更庞大，推荐系统的运行周期也会延长，在这种情况下，推荐广度与推荐效率可能不可兼得。

在进行购物篮分析时，如何找到一个适当的产品范围并非统计学或数学问题，而是营销理论问题。例如，大数据营销跟哪些书籍有关联？如果从字面上来看，相关书籍包括营销理论、大数据、计算机信息等方面的书籍。如果从学习的角度来看，想要学好大数据营销，统计学知识是不可或缺的。然而，统计学书籍却与营销、大数据相关的书籍分属于不同的图书类别。换句话来说，对产品范围的定义，企业不宜只以实体属性为限，还必须考虑在不同购买情境下，可能会被同时购买或连续购买的产品类别。

实际进行跨类别产品的购物篮分析时，为提高分析效率，仍然建议企业先按照产品树的结构，在同一个产品层次上进行分析。例如，超市销售的食品分为蔬果、生肉、熟食、烘焙食品、冷冻食品、饮料等。超市可先就食品层次的产品类别进行购物篮分析，将关联性高的食品界定为一个产品范围。然后，在这个产品范围内的某个细分层次上进行购物篮分析。

5.2 产品关联性的相关系数

5.2.1 数据格式与推荐机制

根据产品之间的关联性，将具有高度关联性的产品绑在一起，就构成一个购物篮。两个产品之间的关联性取决于二者是否经常被同时或连续购买。在计算产品关联性之前，应先将产品编码为多个产品变量，以反映各产品的购买情况。例如，某书店的数据库中包含100万名客户的交易记录。该书店初步按照书籍种类分出28个大类，如工商、法律、建筑等。因此，每位客户的交易记录都可以进一步被编码为28个产品变量（$A_1,A_2,A_3,\cdots,A_{28}$），如图5-2所示。

如何根据该数据格式建立推荐机制？常见的做法是根据客户购买的书籍，搜索曾经买过这本书的其他客户还买过哪些书；再将购买人数排名在前的书籍作为推荐产品。例如，小陈在书店买了一本书，属于建筑类（A_3）。如图5-2所示，书店的推荐系统立即筛选出曾经买过A_3的客户，如第1位、第3位、第1 000 000位客户等，并搜索这些客户还买过哪些书籍。例如，第1位客户买过A_5与A_{26}，第3位客户买过A_6与A_{27}，以此类推。然后，计算这些书籍的购买人数。例如，在曾经购买A_3的众多客户中，也买了A_{28}的有95人，人数排名第一；

买过A_5的有56人，排名第二，以此类推。因此，在购买A_3书籍之后，小陈应可以在"买过这本书的人，也买了以下这些书"这段文字下方，看到网站推荐的书籍依次为A_{28}、A_5等。

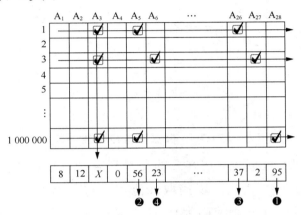

图5-2 数据格式与推荐机制

实际中的推荐系统真的是如此操作的吗？其实不然。因为如果采用上述推荐机制，网站服务器必须在瞬间完成大量数据的搜寻、比对、排序操作；受限于内存的容量与处理器的运行周期，以上操作其实很难瞬间完成。因此，采用统计模型将大量的数据摘要成少量的决策信息是更有效率的方法。在客户的交易记录中，每项产品都可以被视为一个变量。在统计学中，相关系数常用来衡量两个变量线性的相关程度，可作为产品关联性的衡量指标。

5.2.2 相关系数的意义

在初等统计学中，相关系数的用途是衡量两个定量变量的线性相关程度。令X、Y为两个定量变量，其样本数据可绘制成散点图（Scatter Diagram），如图5-3所示。在图5-3中，以两个变量的样本平均数（$\bar{X}, \bar{Y}$）为中心。如果样本中的多数数据散布在第一象限与第三象限，代表两个变量的数据走势相同，二者呈正向的线性相关关系，如图5-3（a）所示。反之，如果多数数据散布在第二象限与第四象限，则代表两个变量的数据走势相反，二者呈现负向的线性相关关系，如图5-3（b）所示。

两个变量的相关性除用散点图的数据走势呈现之外，也可以使用相关系数（Correlation Coefficient）来衡量，Excel等软件都提供了现成的计算相关系数的函数。如果相关系数为正值，代表两个变量的数据走势相同，如图5-3（a）所示，也就是二者正相关。反之，如果相关系数为负值，就代表两个变量的数据走势如图5-3（b）所示，也就是二者负相关。

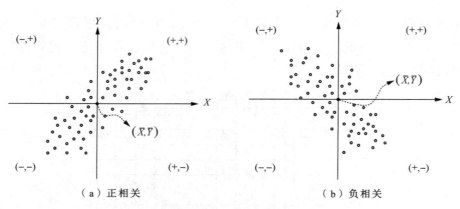

图5-3　散点图与相关性

回到产品之间的关联性。在客户的交易记录经过编码之后，每项产品在数据格式中都相当于一个变量。现摘取20位客户对于书籍A_1、A_2的交易记录，如果某客户曾经买过该书籍编码为1，从未买过则编码为0。值得注意的是，此处的变量A_1与A_2的观察值不是0就是1，称为虚拟变量或二元变量。虚拟变量与定量变量的数据性质并不相同，两个虚拟变量的散点图无法像图5-3那般呈现线性的散布走势。因此，两个虚拟变量的相关系数有另外一种解释：如果相关系数为正，代表这两个产品有正向的关联性，应绑在一起构成一个购物篮。换句话说，相关系数越大，代表两个产品同时被购买与同时不被购买的概率越高，即二者的关联性越高。虽然关于虚拟变量的相关性统计学中已经提出了许多计算公式，但是两个变量的相关程度不会因为计算公式的不同而有太大的差别。因此，相关系数能有效地呈现两个产品的关联性。

5.2.3　将大量数据摘要成少数信息的注意事项

以相关系数衡量两个产品的关联性，能够有效提升推荐机制的执行效率。原始的推荐系统可能需要扫描100万次才能知道哪些客户也买了小陈购买的产品，相关系数则是通过次数相加的概念计算两两产品的关联性。在图5-4中，28种书籍间的关联性只需要使用一个28×28的相关系数矩阵，就能完整呈现；而建立该相关系数矩阵其实只需要计算378$\left(C_{28}^2 = \dfrac{28 \times 27}{2}\right)$个相关系数就可以了。

如此，在小陈买了A_3之后，推荐系统只要在相关系数矩阵中寻找涉及A_3的相关系数（只有27个），由高到低排序后挑选出前几名的书籍推荐给小陈即可。相较于扫描100万次后还要计数与排序的推荐机制，使用相关系数矩阵的推荐机制只需要针对27个相关系数进行排序，程序运行效率得以大幅提升。事实上，亚马逊网上书店最初采用的推荐机制就与相关系数的推荐机制类似。

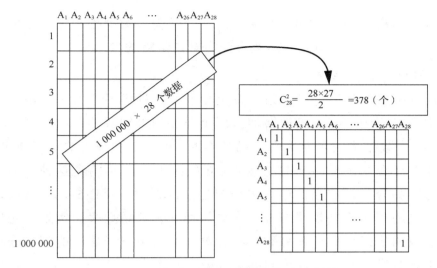

图5-4　以相关系数矩阵取代庞大资料量

相关系数通过简单的相加，就可以将庞杂的数据精简成一个指标，反映两个产品的关联性。然而，也是因为"相加"这个动作，一定要对数据进行精心挑选，否则很容易因为混入无效的数据，而降低原本理应较高的产品关联性。在挑选数据的时候，有以下3点必须注意。

1. 同一个细分市场

相关系数矩阵的计算结果来自某一群人的产品购买行为，同一群人的购买行为的形态越相似，相关系数矩阵所呈现的产品关联性就越高。例如，一群家庭主妇有相似的购买行为，在逛百货商场的时候，除了逛厨具区域之外，多数家庭主妇也会顺道去男性内衣裤区域帮自家先生购买生活必需品。这些相似的购买行为，导致厨具与男性内衣裤被一起购买的次数明显多于其他产品组合，两个产品的关联性高。然而，如果这一群人中有的是家庭主妇，有的是单身女子，有的是老年人，除了家庭主妇的比例会降低之外，其他族群同时逛厨具与男性内衣裤区域的可能性也会降低。如果汇总这一群人的购买行为并计算两个产品的相关系数，势必会降低应有的相关程度，企业也就无法看出这两个产品的互补性。

正是因为家庭主妇有类似的购买行为，才导致厨具区域与男性内衣裤区域具有高度关联性。从购买行为的角度来看，这两个区域有高度关联性是合理的、可以被解释的，因此交叉销售具有营销意义。反之，如果群内有各式各样的人，购买行为也各不相同，就无法形成一个特定的或相似的购买行为形态。即使相关系数矩阵指出某两个产品有高度的关联性，营销人员也不易从购买行为的逻辑上去解释高度关联性的形成原因，反而会觉得是数据处理过程中发生了错误，或者这只是一时的现象，不适合作为营销策略的参考信息。

2．同一个产品层次

在计算相关系数矩阵时，须注意包含的产品种类不宜太多，以免造成两个产品均未购买的数据不当地增加。两个产品均未购买的人数越多，相关系数就越高。当数据格式包含太多产品种类时，由于个别客户的购买数量有限，容易造成客户在众多产品上的观察值是0（未购买）。为避免这种情形，建议企业先将产品分类，建立像产品树一样的层次架构（见图5-1）；然后，针对同一个层次的产品建立数据格式，再计算得到相关系数表。例如，先根据产品大类的数据格式计算相关系数，再针对每个大类下一层次的产品分别计算得出相关系数表。

以图5-1所示的产品树为例，首先，第一层冷冻食品与其他大类产品的关联性构成一张相关系数表。其次，冷冻食品下方的第二层只有3种产品，可构成一张相关系数表。再次，冷冻甜食下方有3种产品，可构成一张相关系数表；冷冻蔬果下方有3种产品，也可以构成一张相关系数表；其余以此类推。

推荐系统采用不同层次的相关系数表，推荐的产品也有不同。例如，小陈买了一个巧克力口味冰激凌，由上而下的产品层次依次为冷冻食品—冷冻甜食—冰激凌—巧克力口味。如果推荐系统采用最上层的相关系数表，小陈获得推荐的是与冷冻食品具有高度关联性的其他大类产品，如饮料、新鲜蔬果等。如果采用第二层的相关系数表，就是与冷冻甜食具有高度关联性的冷冻食品，如冷冻蔬果，其余以此类推。换句话说，就算产品数据库中有1 000个、1万个品项，在计算相关系数表的时候，最好不要一次性地将所有品项纳入分析，而是要先建立一个类似于产品树的层次架构，对所有品项进行分类之后，再分别计算只有少量品项的相关系数表。这样做除了可以提升计算效率之外，也可以减少未购买记录对于相关系数计算的不当影响。

3．适当的观察期间长度

购物篮分析借助观察客户同时购买哪些产品来评估产品之间的关联性。然而，因为产品的耗用周期与生命周期的不同，有些产品之间的关联性并不适合以相同的购买时点来评估。例如，网上书店的数据格式只以客户为分析单位，并未考虑购买时点。这是因为书籍属于耐用品，客户很久才会购买一次，而且对每本书大概只会购买一次。换句话说，就个别客户而言，书籍之间的关联性不易发生在同一个购买时点上，而是分散在一段观察期间内，如半年或一年。如果网上书店只保留最近一年的购买记录进行购物篮分析，就只需考虑客户在这段观察期间内购买了哪些书籍，可以忽略购买时点。对于其他耐用品如3C产品，也因为产品生命周期较长，客户可能会等到新型号出现才会再次购买。因此，3C卖场也适合将观察期间设定为3个月、半年，甚至一年。客户在这段时间内购买的产品可被视为同时购买的产品，如此3C卖场就可据此进行购物篮分析。

相反，超级市场的客户大多以周为单位做出购买行为，因此超级卖场设定的观察期间就必须缩短，如一周、两周，顶多一个月。观察期间究竟要设定为多长是没有标准答案的，企业必须按照客户的购买习惯和特性去研究，营销理论也只能提供一些原则作为参考。如果观察期间设定得太短，如只有列在同一张发票上的品项才被视作同时购买的产品，那么任意两个品项被同时购买的概率一定会偏低，从而难以突显哪个产品组合有高度的关联性。如果观察期间设定得太长，如3C卖场可以将观察期间设为一年，那么不在同一个购买时点上购买的品项也会被视作同时购买的产品，这就容易造成虚假的关联性，也一样无法真实反映客户的购买习惯和特性。

另外，在一些特定的节日，客户也会有类似的购买行为。例如，客户在情人节的前一周可能就会开始准备鲜花、巧克力，预订烛光晚餐，等等。这些购买行为可能在日常生活中较不常见，要在特定时机才会展现。因此，企业可以挑选特定节日当周或当月的购买记录来计算产品的关联性，以为节日营销活动的开展提供参考信息。

在推荐系统内植入程序以计算产品之间的相关系数矩阵是非常简单的事情。但是，简单的方法必须搭配深刻的哲学思维去校对与改进，才会更加完善。例如，在计算相关系数矩阵之前，一定要先对客户做市场细分，挑选行为相似的一群人作为分析对象；然后建立适当的层次架构，挑选属于同一层次的产品的购买记录作为待分析的数据；最后，根据客户的购买习惯和特性，确定适当的观察期间，将同一个观察期间内的产品购买记录合并成一笔，视这些产品是同时购买的。细分市场、产品层次、观察期间等的设定都没有标准的答案，企业需要通过研究去找到最佳的设定。

相关系数矩阵用起来虽然简单，但还是有些不足之处。第一，相关系数只能呈现单个产品与单个产品的关联性，无法呈现一个购物篮的概念。以网上书店为例，假设店内共有28种书籍，那么相关系数矩阵共会产生378个相关系数，以呈现两两书籍之间的关联性，如图5-4所示。企业在思考交叉销售策略时，必须先选定一个主产品，再根据相关系数矩阵，找出与主产品高度正相关的数个产品，构成一个购物篮。第二，即便定义出一个购物篮，企业也难以评估每位客户对于购物篮的购买意愿，也就无法针对该产品组合锁定购买概率高的目标客户进行交叉销售。为解决这两个问题，企业可以使用更复杂的统计方法。

5.3　数据缩减检测的信度分析

购物篮的概念，就是指将有高度关联性的品项放在同一个篮子里。换成统计学的说法，就是将高度相关的变量合并成一个指标。假设某超市的数据库中共有1 000个品项，如果将有高度关联性的品项放在同一个购买篮，那么购物篮的数量一定较少。从统计的观点来看，购物篮的概念与数据缩减（Data Reduction）类似，即将原来的1 000个变量缩减成少数几个构面。数据缩减方法有两种，包括主成分分析（Principal Component Analysis）与因素分析。

5.3.1　品牌忠诚度调查范例

数据缩减方法常应用于问卷调查，可将大量题项缩减为少数几个具有代表性的指标或因素。问卷调查旨在掌握受调查者的心理状态，但心理状态是无形的抽象概念，须通过具体的题项进行反映。由同一个抽象概念发展出来的题项，理论上应高度相关。然而，在实际搜集样本数据之后，基于种种原因，这些题项的相关系数不一定很高。因此，企业通常要先通过样本数据的信度分析（Reliability Analysis），确认各题项之间具有一致性后，才适合使用数据缩减方法建立具有代表性的指标。克隆巴赫系数（Cronbach's α）是常使用的信度指标。

例如，品牌忠诚度是一个抽象概念，多数企业采用的题项如图5-5所示。理论上，如果消费者对于某品牌的整体满意程度越高，再次购买意愿越强，或向他人推荐的意愿越强，都代表其品牌忠诚度越高[1]。

题　项	非常不同意	不同意	稍微不同意	普通	稍微同意	同意	非常同意
1.　整体来说，我对于某品牌很满意（X_1）	□	□	□	□	□	□	□
2.　我愿意继续购买某品牌（X_2）	□	□	□	□	□	□	□
3.　我愿意推荐某品牌给自己的亲朋好友（X_3）	□	□	□	□	□	□	□

图5-5　多数企业采用的品牌忠诚度题项

---

[1] 修改自Selens, F.（1993）. *An examination of the effect of product performance on brand reputation satisfaction and loyalty. Journal European of Marketing, 27, pp.19-35.*

实际上，进行问卷调查后，受调查者的回答也理应具有一致性。上述题项的相关系数矩阵的计算结果可能如表5-1所示。由表5-1可知，3个题项共可产生$3\left(C_3^2 = \dfrac{3 \times 2}{2}\right)$个相关系数，且每个相关系数都大于0.7，这代表两两题项之间高度正相关，具有高度的一致性，因此适合用数据缩减方法建立能够代表抽象概念的指标。

表5-1　品牌忠诚度题项的相关系数矩阵

题项	X_1	X_2	X_3
X_1	1	0.815	0.773
X_2	0.815	1	0.804
X_3	0.773	0.804	1

标准化α系数（Standardized Item Alpha）由平均相关系数（$\bar{r}$）构成，计算公式如下：

$$标准化\,\alpha\,系数 = \frac{K \times \bar{r}}{[(K-1) \times \bar{r}] + 1} \tag{5-1}$$

式中，

K表示题项个数，如上例中忠诚度题项有3个，即$K=3$；

$\bar{r}$表示在K个题项中，两两题项的平均相关系数，$0 < \bar{r} < 1$。

由于平均相关系数小于1，因此标准化α系数的值介于0～1；平均相关系数越大，标准化α系数也越大。克隆巴赫（Cronbach）提出一个判断信度的准则：如果标准化α系数 < 0.35，代表低信度；如果0.35 ≤ 标准化α系数 ≤ 0.70，代表中信度；如果标准化α系数 > 0.70，代表高信度。实际上，只要标准化α系数 > 0.60，即可认为题项的信度合格，企业便可建立一个总指标来代表抽象概念。根据表5-1，品牌忠诚度题项的平均相关系数约为0.797[(0.815+0.773+0.804)÷3]。因此，这3个题项的标准化α系数为：

$$标准化\,\alpha\,系数 = \frac{3 \times 0.797}{2 \times 0.797 + 1} \approx 0.922$$

由于标准化α系数高达0.922，因此3个题项具有高度的一致性，宜再使用数据缩减方法建立总指标。以上的信度分析也可以通过使用统计分析软件（如SPSS）简单快速地进行，此内容将在下节详细阐述。

5.3.2　RFM分数与产品变量

RFM分析以最近购买期间（R）、购买频率（F）、平均购买金额（M）这3个指标来衡量顾客价值，也是类似购物篮的概念。不同的是，RFM分析在事前未做信度分析，而是直接采用五等均分法或Bob stone的给分机制，计算出一个RFM分数，作为衡量顾客价值的指标。事实上，RFM指标原本都是比率尺度数据，但是采用上述给分机制计算出来的RFM分数却是顺序尺度数据，这一过程中似乎损失了若干数据精确度。

以表4-3中的数据为例,信度分析可通过使用SPSS中的"Reliability Analysis"功能进行，如图5-6所示。依次单击菜单栏中的"Analyze"及其下的"Scale""Reliability Analysis"即可。在打开的"Reliability Analysis"对话框中，同时选中左侧的"R""F""M"，单击中间的右箭头按钮，使这3个选项转移至右侧的"Items"框里。再单击右上角的"Statistics"按钮，在打开的对话框里选中想在数据分析的结果文件中显示的内容，这里选中"Correlations"。最后单击"OK"按钮，即可完成信度分析。

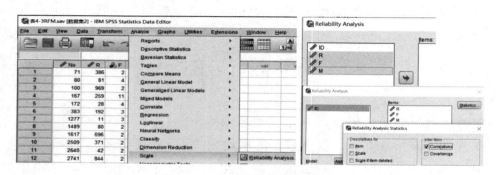

图5-6　RFM的信度分析步骤

在输出文件（Output.spv）中就可以看到相关系数矩阵和标准化α系数等，如图5-7所示。其中，R与F负相关，是颇为合理的。如果客户已经很久没有购买（R值高），这在某种程度上意味这位客户已经不常与企业交易（F值低），因此R与F负相关。M与其他两个变量的相关系数几乎为0，这代表该变量的独立性高，不适合与其他变量合并成一个总指标，也不宜进行信度分析。该结果也说明了企业应从购买频率（或最近购买期间）与平均购买金额等两个维度对客户进行分群（见图4-1），而非创造一个总指标。针对不同群别，企业应采用不同的客户关系管理策略。

在交易数据库中，每个产品都被编码为虚拟变量，以0或1的观察值呈现客户在特定时点是否购买过特定产品。购买周期相同或使用上互补的产品组合，理论上应视为一个购物篮。我们亦可使用信度分析去评估多种购买行为的一致性。不过，由于虚拟变量不同于一般的定量数据，因此建议适当调整信度分析的评估准则，如标准化α系数大于0.3就可视为信度合格，适合进行购物篮分析。

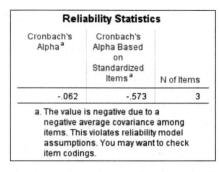

Reliability Statistics		
Cronbach's Alpha [a]	Cronbach's Alpha Based on Standardized Items [a]	N of Items
-.062	-.573	3

a. The value is negative due to a negative average covariance among items. This violates reliability model assumptions. You may want to check item codings.

Inter-Item Correlation Matrix			
	R	F	M
R	1.000	-.276	-.083
F	-.276	1.000	-.055
M	-.083	-.055	1.000

图5-7 RFM的信度分析结果

5.4 购物篮分析与因素分析

5.4.1 购物篮分析

5.2节曾提到以相关系数矩阵减少工作量的方法，具体的数据缩减过程如图5-8所示。然而，在使用相关系数矩阵建立购物篮时，须先挑选出一个主产品，才能就该产品与其余27个产品的相关系数进行排序，将排序在前的数个产品与主产品合并在一个购物篮中。换句话说就是，根据相关系数矩阵，共可建立28个购物篮，其中部分内容必然有重叠，如果能进一步加以简化，推荐系统的效率就能更进一步提升。

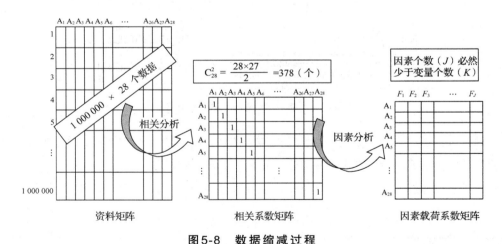

图5-8 数据缩减过程

购物篮分析将高度关联的品项合并在一个购物篮中，这与主成分分析类似。不同的是，主成分分析将高度相关的几个变量合并成一个总指标，购物篮分析则是根据众多品项之间的关联性，建立几个购物篮。因此，购物篮分析与因素分析更类似。因素分析是一种数据减缩方法，根据K个变量的相关系数矩阵，将K个变量减缩为J个因素，$J < K$。变量与因素之间的相关程度，由因素载荷系数矩阵加以描述。根据因素载荷系数矩阵，每个因素都能找到一组高度相关的变量，形成一个购物篮。同一个购物篮里的品项，适合相互推荐。

5.4.2 银行服务态度调查范例

因素分析常应用于问卷调查，可将大量题项缩减为少数几个具有代表性的指标或因素。这里以客户对银行服务态度的问卷为例，说明因素分析的应用方法。该问卷共有5个有关银行服务态度的论述，受访者依其同意该论述的强烈程度，给出适当的分数（1～9分），如图5-9所示。这5个论述分别是“小银行收取的手续费通常比大银行低”“大银行比小银行更容易犯错”“银行柜员不必特别礼貌与友善，把事情做好就可以”“我希望银行柜员可以认识我，特别对待我”“如果银行对我不友善或不在乎，我就不会再光顾”等。

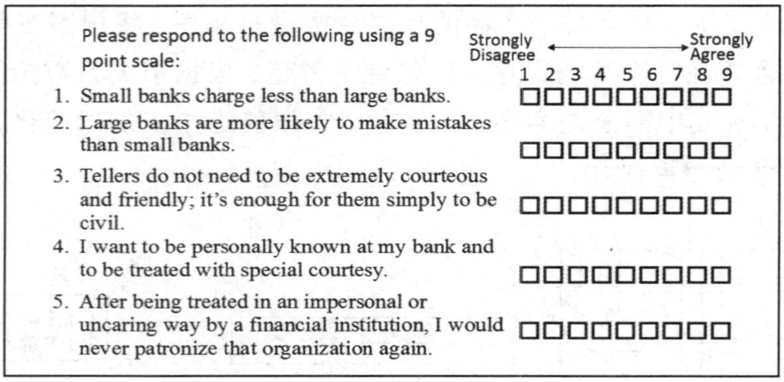
Please respond to the following using a 9 point scale:

Strongly Disagree ←→ Strongly Agree
1 2 3 4 5 6 7 8 9

1. Small banks charge less than large banks.
2. Large banks are more likely to make mistakes than small banks.
3. Tellers do not need to be extremely courteous and friendly; it's enough for them simply to be civil.
4. I want to be personally known at my bank and to be treated with special courtesy.
5. After being treated in an impersonal or uncaring way by a financial institution, I would never patronize that organization again.

图5-9 客户对银行的态度量表

此次调查一共回收15份问卷，数据格式如表5-2所示。例如，第1位受访者对于5个论述的同意程度分别是9分、6分、9分、2分、2分。虽然表中只列举了15个人的调查结果，但也适用于分析数百人甚至数千人对银行服务态度的看法。

表5-2 银行15位受访者的调查结果

Individual	Input Data (Original Variables)				
	X_1	X_2	X_3	X_4	X_5
Joe E.	9	6	9	2	2
Mary S.	4	6	2	6	7
Shirley G.	0	0	5	0	0
Jan A.	2	2	0	9	9
Edward B.	6	9	8	3	3

续表

Individual	Input Data (Original Variables)				
	X_1	X_2	X_3	X_4	X_5
Richard Y.	3	8	5	4	7
Susan A.	4	5	6	3	6
Heather P.	8	6	8	2	2
Mike T.	4	4	0	8	8
Bill W.	2	8	4	5	7
Gail L.	1	2	6	0	0
Alan B.	6	9	7	3	5
Joe W.	6	7	1	7	8
Alice D.	2	1	7	1	1
Tom M.	9	7	9	2	1

　　因素分析的目的是缩减维度，将原来的多个变量，依其相关结构，缩减为少数几个具有代表性的共同因素（Common Factors）。以上述问卷为例，5个论述的相关系数矩阵如表5-3所示。由表5-3可知，第1个论述与第2个论述的相关系数很高（0.61），代表受访者越认同小银行收取的手续费较低，也就越认同大银行比较容易犯错。由题项可知，认同第3个论述代表客户不在乎银行的服务态度，而认同第4个和第5个论述都代表客户希望银行提供个性化服务，因此第4个和第5个论述高度正相关，但是第4个和第5个论述与第3个论述都高度负相关，如表5-3中虚线三角形所示。

表5-3　5个论述的相关系数矩阵

变量	X_1	X_2	X_3	X_4	X_5
X_1	1.00				
X_2	0.61	1.00			
X_3	0.47	0.73	1.00		
X_4	−0.02	0.19	−0.83	1.00	
X_5	−0.10	0.32	−0.77	0.93	1.00

5.4.3　因素分析存在的几个问题

　　因素分析的计算过程与主成分分析类似，但因素分析存在一些问题，这些问题必须由分析人员主观地解决，分别论述如下。

1.　哪些题项适合进行因素分析

　　并非所有题项都适用于因素分析，分析人员须视个别题项的共同性（Communality）而定。共同性越高的题项，越适合进行因素分析；共同性过低的题项，应视为独特题项，不宜加入因素分析，因为其会降低共同因素的累积解释力。建议分析人员在进行因素分析之前，先剔除共同性过低的题项，这时常用的门槛值为0.4或0.5。换句话说，分析人员应只针对共同性高于0.4或0.5的题项进行因素分析。

2. 应保留几个共同因素

通过因素分析，K个题项共可构成K个共同因素，每个因素依其特征值由大到小排序。多数研究认为只有特征值（Eigenvalue）大于1的共同因素才值得被保留下来。

3. 共同因素应如何命名

共同因素在尚未被命名之前，缺乏研究变量的意义。共同因素的名字来自高度相关题项的共同意义。共同因素与个别题项之间的关系用因素载荷系数加以衡量。建议进行因素转轴，转轴后因素载荷系数的值更趋向±1或0这3个极端值，从而可以突显共同因素与哪些题项高度相关，又与哪些题项无关。共同因素的命名由分析人员根据转轴后的因素载荷系数确定。

5.4.4 因素分析的执行与结果

因素分析可通过使用SPSS中的"Factor Analysis"功能进行，如图5-10所示。因素萃取（Extraction）默认使用主成分分析法，并只留下特征值大于1的共同因素。因素转轴（Rotation）常用最大变异法（Varimax）。因素分数（Scores）须勾选"Save as variables（保存为变量）"，才能将每位受访者的因素分数存储在数据文件（save文件）中。选项（Options）可以使因素载荷系数矩阵更具可读性；勾选"Sorted by size（由大到小排序）"，使原始题项依因素载荷系数由高到低排序；勾选"Suppress small coefficients（压缩小的因素载荷量）"，设定只列举绝对值较大的因素载荷系数，如只列出绝对值高于0.4的因素载荷系数。

因素分析的结果如表5-4所示。由表5-4可知，每个题项的共同性都高于0.8，都适合进行因素分析。其中，高度正相关的第1个和第2个题项可合并成一个共同因素，而高度相关的第3个、第4个、第5个题项可合并成另一个共同因素。因素载荷系数代表题项与因素的相关程度，如因素1（F_1）与第3个、第4个、第5个题项高度相关，而因素2（F_2）则与第1个和第2个题项高度相关。其中，因素1的解释变异百分比高达55%，因素2的解释变异百分比则达到36%，二者合计为91%，几乎能够代表所有题项。

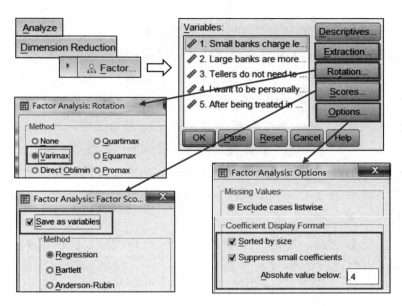

图5-10　使用SPSS进行因素分析的步骤

表5-4　银行态度量表的因素分析结果（转轴后）

Variable	Factor Loadings		Communality
	F_1	F_2	
X_1	-.173	.886	.815
X_2	.175	.904	.849
X_3	-.890	.405	.956
X_4	.972	.093	.954
X_5	.968	.134	.956
% of Variation Explained	55%	36%	

　　值得注意的是，越是排在前面的因素，解释变异百分比越高，变量之间的关系也越紧密。例如，因素1的解释变异百分比最高，与X_3、X_4、X_5的相关程度的绝对值都接近1，从相关系数矩阵中也可以看到这3个变量之间的相关程度明显高于其余两个变量。从购物篮分析的角度来看，假设表5-4中的5个变量（$X_1, X_2, \cdots, X_5$）代表5个产品，那么因素1可视为第1个购物篮，因素2为第2个购物篮。消费者对于第1个购物篮里的产品的购买行为最具一致性，消费者所达成的共识也最强，因此，这些产品才会高度相关。因素分析的特点就在于，可以从大量产品的购买记录中找到一组关联性最高的产品，构成第1个因素，同时购物篮的可信度最高；然后依次构成第2个因素、第3个因素等，产品的关联性也就依次递减，购物篮的可信度也逐渐降低。

　　因素分数的高低表现了每位受访者对每个因素的认同程度，如表5-5所示。

因素分数是标准化题项的线性组合，本身为标准化变量，0分代表平均水平。例如，调查结果显示第1位客户非常不在乎银行的服务态度（$X_3=9$），也不认同银行应该提供个性化服务（$X_4=2,X_5=2$）。由于因素1与X_3高度负相关，与X_4、X_5高度正相关，因此该位客户在相关题项上的表现导致因素1的分数低于平均水平，只有-0.92分。从购物篮分析的角度来看，因素1相当于由X_3、X_4、X_5等3个题项构成的一个购物篮，而第1位客户在因素1上分数（$F_1=-0.92$），代表其对于这个购物篮的接受程度相对较低。换句话说就是，因素分析除了可以根据产品间的相关程度建立几个购物篮之外，也能够计算因素分数，呈现每位客户对不同购物篮的需求强度。

有了因素分数之后，营销人员就能针对每个购物篮，找出因素分数由高到低排在前20%的客户，作为目标客户，进行一对一营销。除此之外，营销人员亦可尝试使用客户的基本数据，如性别、年龄、受教育程度、居住地区等，与特定的因素分数进行交叉分析，进而绘制不同购物篮的目标客户画像，制定更符合目标客户特性的营销策略。

表5-5　15位受访者的两个因素分数

Individual	Input Data (Original Variables)					Factor Score	
	X_1	X_2	X_3	X_4	X_5	F_1	F_2
Joe E.	9	6	9	2	2	−0.92	1.04
Mary S.	4	6	2	6	7	0.93	−0.01
Shirley G.	0	0	5	0	0	−1.05	−1.94
Jan A.	2	2	0	9	9	1.65	−1.03
Edward B.	6	9	8	3	3	−0.44	1.04
Richard Y.	3	8	5	4	7	0.45	0.31
Susan A.	4	5	6	3	6	0.00	−0.04
Heather P.	8	6	8	2	2	−0.80	0.80
Mike T.	4	4	0	8	8	1.44	−0.40
Bill W.	2	8	4	5	7	0.69	0.10
Gail L.	1	2	6	0	0	−1.10	−1.36
Alan B.	6	9	7	3	5	−0.12	1.04
Joe W.	6	7	1	7	8	1.28	0.51
Alice D.	2	1	7	1	1	−1.01	−1.23
Tom M.	9	7	9	2	1	−1.00	1.18

5.4.5　对产品树的反思

5.1.2节曾以产品树的概念说明企业使用的产品推荐机制。例如，冷冻食品可先按照用途分为冷冻甜食、冷冻蔬果、冷冻餐食三大类，每一大类下面又可分出细项，每一细项又可再细分成不同品项。同一层次的品项由于具有相似的属性，通常被企业用作彼此推荐的对象。然而，这种只按照产品的实体属性估计产品关联性的方法，忽略了基于消费者的购买习惯和特性所形成的产品关联性。

　　显而易见，根据购买记录建立的购物篮呈现的是消费者的购买习惯和特性，这与按照产品的实体属性估计产品关联性的策略完全不同。以鲜奶与麦片为例，如果企业按照产品的实体属性建立产品部门，那么鲜奶通常被归类为"湿货"，与饮料类、冷冻食品等放在同一区域；麦片则通常被归为"干货"，与饼干、罐头等放在同一区域，二者的营销策略彼此独立。但是根据消费者的购买习惯和特性，鲜奶与麦片都属于早餐，通常会被一起购买，因此二者的营销策略应一起规划。例如，当鲜奶在做促销活动的时候，麦片就不要促销，因为前者的促销就能带动后者的销售，反之同理。如果企业能够根据消费者的购买习惯和特性，将高度关联的产品归在同一个产品部门，营销策略规划便能达到事半功倍的效果。

　　当企业为旗下大量品项建立产品树的时候，建议以消费者的购买习惯和特性取代产品的实体属性作为分类基础，如图5-11所示。例如，书店根据书籍的实体属性，将所有书籍区分为各自独立的28个类别。假如书店只考虑书籍的实体属性，不考虑消费者的购买习惯和特性，那么购买财经类书籍的消费者永远只能被推荐其他财经类书籍。然而，如果书店根据因素分析结果，将同属一个购物篮中的书籍合并为同一个类别，可大幅提升产品推荐的成功率。例如，根据因素分析结果，28种书籍可分成9个购物篮，企业可再就同一购物篮内的产品细项的购买记录进行因素分析，以此建立产品细项的购物篮，以此类推。

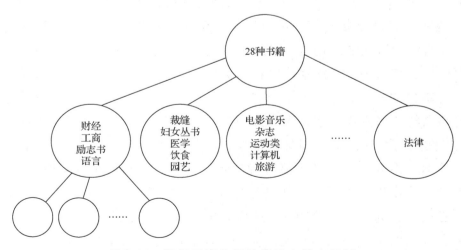

图5-11　根据因素分析结果建立的产品树

5.5 购物篮分析的哲学与延伸

本章以大量篇幅说明了购物篮分析适用的科学方法，如相关系数分析、主成分分析、因素分析等。在根据消费者的购买记录定义出多个购物篮之后，企业又该采用何种思维研究和制定营销策略？例如，在百货公司的例子中，分析结果显示厨具跟男性内衣裤高度相关，属于同一个购物篮。站在百货公司的立场上看，这两个产品的售卖区域应该设在同一层楼，还是应该设在相距较远的两层楼，如一个设在一楼，另一个设在五楼。又或者在书店的例子中，儿童类书籍跟亲子教育类书籍属于同一个购物篮。很明显，儿童类书籍是给儿童看的，亲子教育类书籍是给父母看的。站在书店的立场上看，这两类书籍应该放在同一个展示架上，还是放在两个不同的展示架上？即便是换成购物网站也是一样，两个高度关联的产品应该要呈现在同一个页面上，还是要让消费者跳转多个页面之后才能看到另一个高度关联的产品？

以上问题的答案，取决于企业想要锁定具有何种购买特性的消费者作为目标消费者。根据消费者行为理论，消费者对于产品的需求可以分为两种类型，即实用价值导向型（Utilitarian Value Seeking）与享乐价值导向型（Hedonic Value Seeking）。对于追求实用价值的消费者，其购买目的是获得产品或服务本身的功能或效用来解决问题。因此，此类购买行为是任务性的、理性的，以及讲求效率的，消费者希望在短时间之内完成购买。相反，追求享乐价值的消费者注重消费过程所带来的正面情绪，如美感，或其他感官上的愉悦等。虽然整个消费过程看似没有效率，但是消费者反而觉得满意。

因此，企业需要先了解旗下每一家店所在商圈的性质或主要客群的购买特性。开展网络购物业务的企业也可以根据消费者在网站中的浏览行为进行判断。有些消费者喜欢快速浏览，找到想买的东西后立即下单，有些则喜欢在每个网页中停留较长时间。根据消费者的浏览行为与浏览内容，企业可以为消费者提供定制化的网页，让消费者一进入网站就能看到专属的内容，以及符合其购买习惯和特性的设计。亚马逊已经能够做到为每一位消费者提供个性化的网页，并能按照消费者的网页浏览记录与产品购买记录，随时更新符合消费者个人兴趣的网页内容，进而增加消费者的网页浏览时间与提高购买概率。

无论企业使用哪种科学方法进行购物篮分析，关键在于最初用于分析的购买记录必须来自同一个细分市场，这样分析结果才有意义。企业必须对市场细分理论有一定的了解并积累一定的实务经验，才能分别针对来自实体门店渠道或虚拟在线渠道的客群进行消费者行为分析，建立适当的细分市场。如果事先没有对消费者所属的细分市场进行判定，一次性地将所有消费者的购买记录全部用于进行购物篮分析，虽然也可以得出分析结果，但是将该结果用于规划营销策略的时候，很可能发生无理可循的情况。市场细分的哲学思维与购物篮分析的科学方法相辅相成，二者缺一不可。

课后习题

1. 通过相关系数进行购物篮分析有何特点？
2. 检验数据是否适合做因素分析的方法有哪几种？
3. 基于因素分析的购物篮分析有哪些优点？

实操练习

【实操目的】对本章所学知识逐一进行实操练习，真正做到理论联系实际。

实操1：对给定数据做信度分析，以检验其是否适合做因素分析。

实操2：对给定数据做因素分析，构建合适的购物篮，并将其推荐给合适的顾客。

如何实现实操2

第6章 基于联合分析的新产品推荐系统

　　面对需求异质性与动态性日益增强的顾客，准确预测其购买行为，适时提供有用的信息，如进行产品推荐、订货提醒等，是企业留住顾客的关键。上一章介绍的购物篮分析与本章将介绍的联合分析，分别属于两种产品推荐系统，都能给顾客提供实时的个性化信息，有助于简化顾客的购买决策过程，让顾客感受到贴心的服务，从而提高顾客的品牌忠诚度与利润贡献度。本章先深入浅出地说明联合分析的基本概念与营销应用。同时，由于回归分析是联合分析采用的统计方法，本章会专门用一节加以说明。本章还以大数据营销为主，说明联合分析应用于交易大数据时可能面临的问题，以及提供可行的解决方案。

学习目标

【知识目标】

1. 了解两种产品推荐系统。
2. 理解联合分析的概念。
3. 了解大数据营销的新产品推荐系统。

【素养目标】

1. 培养基于联合分析的产品推荐营销观念。
2. 基于联合分析建立营销理论与统计模型相结合的思维框架。

引例

基于联合分析的银行财富管理产品推荐实例

上一章的引例提到某银行会对200多万名授薪客户进行产品推荐，笔者利用本章的内容也做了相应分析。有别于上一章直接利用客户的购买行为数据进行因素分析，构建5个购物篮并对客户的偏好进行排序的方法，本章从理财产品、保险、基金这三大类产品的通用属性出发，以解释客户购买理财产品、保险、基金等产品背后的原因。

首先，结合产品的实际情况与理财经理讨论确定每个通用属性的不同水平值，进行正交设计，得到几种产品轮廓。其次，对每位客户所购买的产品分别按照通用属性的不同水平值进行数据整理。再次，将每位客户所购买的产品数据与通过正交设计得到的产品轮廓相比较并补全数值。最后，抽取按客户编号从小到大排序的前101位客户的数据进行二元罗吉斯回归分析，结果所有回归系数检验的P值都显著，这说明这些通用属性的水平值可以用来解释产品是否被购买，即笔者成功找到了影响客户购买的因素。这样，理财经理把客户按照购买概率由高到低排序，进行产品推荐，就可实现精准营销。

案例思考

1. 你了解（或你所在的公司）的产品推荐是否使用过类似的分析方法？
2. 本案例对你有何启示？

6.1　两种产品推荐系统

产品推荐系统是落实客户关系管理的一对一营销决策支持系统，大致可分成两类。其一是合作过滤式推荐系统（Collaborative Filtering Recommendation Systems），其利用与客户相似的一群人的购买行为或产品评价对客户进行产品推荐。其二是内容基础式推荐系统（Content-Based Recommendation Systems），其根据客户的购买行为或产品评价去反推个人对于产品属性水平的重视度与偏好度，即个性化偏好结构（Individual Preference Structure），再依此对客户进行产品推荐。

6.1.1 合作过滤式推荐系统

购物篮分析是指利用来自同一个细分市场的交易数据，建立多项产品之间的关联结构（如相关系数矩阵、因素分析等），以便企业根据消费者购买的产品向其推荐具有高度关联性的其他产品，进行交叉销售。这种根据一群相似消费者的产品偏好预测个人的产品偏好的产品推荐系统，称为合作过滤式推荐系统。

早期的亚马逊网上书店是善用合作过滤式推荐系统的典范。如第2章所述，亚马逊网上书店的成功之处在于善用"消费网"提供的信息，多元化地给潜在购买者呈现参考信息，让产品质量具体化。例如，提供书籍的销售量排名，相当于根据众人的购买记录进行产品推荐；提供专业买家及一般消费者对于产品的评价，如1~5颗星的评分；增加很多推荐栏目，如亚马逊书评、月度和年度最佳书籍等，给读者有价值的推荐，如图6-1所示。

图6-1　合作过滤式推荐系统：亚马逊网上书店

合作过滤式推荐系统的最大优点之一是程序运行速度快，能有效运用相似消费者的反馈信息，而不必理会每项产品由哪些属性构成。但是它也存在两个主要的缺点。第一，只有曾经被消费者购买过，存在于交易数据库中的现有产品，才能被纳入合作过滤式推荐系统。很少被购买或从未被购买的产品，如企业刚上市的新产品，因为未积累足够多的数据以供计算其与其他产品之间的关联性，所以无法被纳入该产品推荐系统。第二，根据产品关联性所做的产品推荐无法反映个人的购买理由。这是因为用来衡量产品关联性的统计模型，只关心两个产品被同时购买的频率，不易也不会要求加入任何解释变量去阐释产品关联性的形成原因。例如，沃尔玛虽然从交易记录中发现啤酒与尿布有高度的关联性，但难以就该结果做进一步的解释。通过后续的问卷调查，沃尔玛才知晓啤酒与尿布的购买组合多来自年轻父亲的购买行为。

随着新客户的持续加入与交易数据的不断更新，过去构建的购物篮（如啤酒与尿布）如今不一定合适。由于缺乏因果模型的设定，合作过滤式推荐系统的稳定性及精确性都稍显不足。因此，采用由因果模型设定的推荐系统，才有利于企业根据消费者的购买行为去反推个人的偏好结构，企业也才能够真正掌握消费者的需求。如此模型的预测能力也会有大幅提升。

6.1.2　内容基础式推荐系统

有别于合作过滤式推荐系统集众人信息预测个人行为的做法，内容基础式推荐系统试图将个人行为与产品特性连接起来，进而了解个人的消费特性。该系统认为，产品特性越符合消费者的个性化偏好结构（Preference Structure），该产品被购买的可能性就越大。如果能事先预测消费者的个性化偏好结构，企业便能投其所好，进行个性化的推荐，以提高产品的购买概率。

具体的产品概念由一组客观的属性构成，每个属性可以再细分为几种水平。究竟要挑选哪些属性水平来解构产品，是内容基础式推荐系统面临的第一个问题。如第3章所述，各产品在交易数据库中通常以编号或名称的形式存在。为了进一步了解消费者的个人喜好，企业应该按照市场特性，选取适当的属性水平，将各产品解构为一组虚拟变量，形成一个产品特性编码文件，如表3-2所示。选取的属性水平变量最好不要局限于单一产品，而是要广泛地思考不同产品的共同属性有哪些，这样有利于累积足够多的个人交易记录，得到稳定的偏好结构估计值。

第二个问题是，如何衡量或估计消费者的个性化偏好结构。方法大致可以分为两种，即自显示偏好法与联合分析。自显示偏好法（Self-Explicated

Approach）是指通过问卷调查，由消费者自行针对每个属性水平逐一解释其偏好程度。以开展关于包装咖啡的调查为例，自显示偏好法的应用如图6-2所示。

图6-2 衡量个人偏好结构——自显示偏好法

自显示偏好法的数据搜集方式虽然简单，但是有两个主要的限制。其一，每个消费者只有一笔数据，这导致个性化偏好结构的稳定性无法计算，其所具有的代表性也就不太可信了。其二，消费者在回答的时候将每个题项视为彼此独立的，可能全部答"非常喜欢"，也可能都答"非常不喜欢"。这两种回答代表消费者对于每个水平的相对偏好程度完全相同，因此无法充分展现个性化偏好结构。

一个理性的消费者在进行购买决策的时候，对于不同属性水平应该是抱着"取舍"或"权衡"（Trade-off）的态度。例如，某个消费者虽然不喜欢高价格的包装咖啡，但非常喜爱拿铁口味的包装咖啡。对他来说，高价格的负面效用与拿铁口味的正面效用可以相互抵消，因此高价格的拿铁口味的咖啡仍可能获得他的高度评价，而这样的权衡关系却无法通过采用自显示偏好法得出。

联合分析（Conjoint Analysis）是另一种估计个性化偏好结构的方法。与自显示偏好法不同的是，联合分析先让受测者看到或感受到完整且具体的产品概念，再让其表达购买意愿；然后，将产品概念拆解为一组属性水平的组合，与产品评分进行交叉分析，进而获得个性化偏好结构的估计值。

本章的主旨在于说明如何通过联合分析建立新产品推荐系统，以及由浅入深地介绍联合分析经常用到的统计方法，如线性回归（Linear Regression）与罗吉斯回归（Logistic Regression）。

6.2 联合分析的应用方法

联合分析能够较好地模拟消费者购买的实际过程，从而客观、真实地测量消费者对某产品的偏好及产品的不同属性在购买过程中的重要性。联合分析能有效地解决传统调查方法中需要调研对象独立评价产品属性的问题。在联合分析中，产品被描述成轮廓，每一个轮廓由能够描述产品重要特征的属性和赋予每一属性的不同水平组合构成。

根据消费者针对每项产品给予的整体评分，联合分析利用回归分析将整体评分分解（Decomposition）为各个属性水平的成分效用值（Part-Worths）或者偏好分数（Preference Scores），构成消费者的偏好结构，如消费者的成分效用值、属性相对重要性、理想点等。下面以汽车为例，简单说明联合分析的应用方法。

6.2.1　挑选属性与水平

联合分析的首要步骤是挑选足以构成具体产品概念的属性与水平。为了让消费者容易区分产品之间的差异，企业应选取客观的、容易感受到水平差异的产品属性，避免采用抽象的、水平差异不易辨别的产品属性。例如，某汽车企业想要开发一个新产品，以迎合消费者的需求。经初步研究，该汽车企业可依据5项客观的产品属性来决定新产品的形态，这些产品属性包括：车型，分为5人座房车与7人座房车两个水平；品牌，仅讨论Luxgen与Toyota Camry这两个品牌；天窗，分为无、有两个水平；指纹识别系统，也分为无、有两个水平；价格，即汽车的售价，分为100万美元、125万美元、150万美元、175万美元4个水平，如表6-1所示。

表6-1　汽车的属性水平

产品属性	水平1	水平2	水平3	水平4
车型	5人座房车	7人座房车		
品牌	Luxgen	Toyota Camry		
天窗	无	有		
指纹识别系统	无	有		
价格	100万美元	125万美元	150万美元	175万美元

这5项属性及其水平共可构成64（2×2×2×2×4）种汽车。如果要求消费者同时对这么多产品进行整体评估，消费者肯定会感到困难。为减轻消费者评估产品的负担，在统计学上，企业可以通过正交部分因素设计（Orthogonal Fractional Factorial Design），简称正交设计（Orthogonal Design），减少需要评估的产品个数。近年来，由Sawtooth软件公司发展的适应式联合分析（Adaptive Cointegration Analysis，ACA）与选择基础联合分析（Choice Based Conjoint，CBC），也舍弃了同时对多个产品进行评分的传统做法，而是模拟真实的购买决策情境，让受测者针对少数产品进行成对比较评分或者挑选最想买的产品进行评分，目的都是减轻受测者的思考负担。

实际上，企业通常将产品的属性水平与使用方法详细写在产品说明书里。以图6-3为例，咖啡机的产品说明书会提供有关咖啡机的型号、品名、价格、特色等信息，多为文字数据。在构建产品数据库时，企业通常直接输入文字数据供消费者查询。然而，文字数据并非数值数据，无法进行统计分析，对于客户关系管理或大数据营销的贡献也有限。

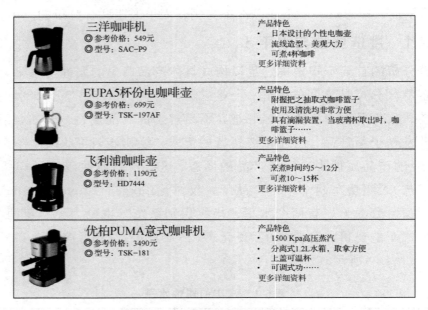

图6-3　咖啡机的产品特色说明

因此，列举具体的产品特性变量，将产品的文字数据编码为数值数据，是营销分析人员首先要做的事。如第3章所述，企业应将旗下产品共有的属性或特色，如品牌来源、制造来源等，定义成一组虚拟变量，构成产品特性编码文件。如果产品数据库中只是充斥着各产品的文字数据，缺乏编码后的数值数据，营销人员就无法有效运用统计方法得到可靠的预测值，大数据营销也就只能沦为空谈。

6.2.2　使用正交设计建立产品轮廓

回到汽车的例子，如前所述，表6-1列举的产品属性及其水平共可建立64种产品，对应64个产品轮廓（Profile）。对消费者来说，同时对这么多产品进行整体评分，存在非常大的思考负担。从统计学的角度看，我们可以通过正交设计来大幅减少需要评估的产品数量。联合分析只关心属性水平对于产品评分的主效果（Main Effect），即成分效用值；并不考虑属性水平之间的交互效果（Interaction Effect），因此假设交互效果为0。在联合分析中，企业只需选取部分产品并搜集相应的消费者评分资料，确保足以估计成分效用值即可。正交设计应用于只考虑因素主效果的条件，只需选取足以估计参数的少数产品轮廓。

SPSS具有正交设计功能，执行步骤与代码如图6-4所示。首先，打开SPSS，单击"File"→"New"→"Syntax"，进入代码编写窗口。其次，撰写正交设计的代码。其中，前4个产品属性分别被命名为"X_1"～"X_4"，价格命名为"Price"。"X_1"后面的"'车型'"，是指属性X_1的变量标签是车型，以单引号注释。"'车型'"后面的括注内容，是两个水平的代码与定义。例如，"0 '5人座房车'"是指第1个水平的定义是"5人座房车"。

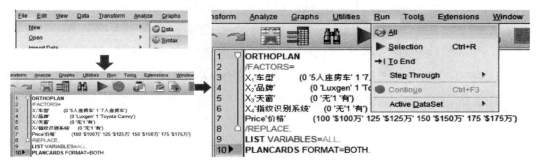

图6-4 使用SPSS进行正交设计的执行步骤与代码

值得注意的是，价格的代码建议直接以价格原值表示。例如，"100 '\$100万'"是指设定水平代码为100，也代表价格为100万美元。每行代码的最后，都要以"."收尾。该文件会被SPSS的联合分析程序使用，须保存下来。完成代码编写之后，单击"Run"→"All"，执行正交设计。

经过正交设计，原本的64个产品轮廓，大幅减少为8个产品轮廓，如表6-2所示。例如，轮廓1（Profile 1）是最基本的款式，如车型为5人座房车，品牌是Luxgen，既没有天窗也没有指纹识别系统，定价为100万美元。试想，假设你需要购买一部汽车，走进4S店后看到表6-2中所列的8款汽车，你会比较想要购买哪一款？在调查购买意愿的时候，访问者通常会使用几张卡片，在卡片上写下每种产品的属性水平并附上照片，让受访者通过卡片去体会每种产品的特色。

表6-2 正交设计产生的8个产品轮廓

卡片ID	车型	品牌	天窗	指纹识别系统	价格
1	5人座房车	Luxgen	无	无	100万美元
2	7人座房车	Toyota Camry	有	有	100万美元
3	7人座房车	Toyota Camry	无	无	175万美元
4	5人座房车	Toyota Camry	有	无	150万美元

续表

卡片ID	车型	品牌	天窗	指纹识别系统	价格
5	5人座房车	Toyota Camry	无	有	125万美元
6	7人座房车	Luxgen	有	无	125万美元
7	5人座房车	Luxgen	有	有	175万美元
8	7人座房车	Luxgen	无	有	150万美元

6.2.3 属性水平与虚拟变量

在进行统计分析之前，对于原本以文字形式呈现的产品属性水平（如表6-1），须先将其编码为虚拟变量。建立虚拟变量是为了取代定性变量；如果定性变量分为K组，那么须建立（K-1）个虚拟变量加以取代。

在汽车的例子中，将产品属性水平编码为虚拟变量的结果如表6-3所示。在表6-3中，车型分为5人座房车与7人座房车2（K=2）个水平，须定义1（2-1）个虚拟变量，设为X_1，只有0和1两种观察值。为便于解读分析结果，通常设定1代表增值水平，0代表基础水平。例如，7人座房车比5人座房车更有附加价值，就建议设定X_1=1代表7人座房车，X_1=0代表5人座房车。除价格之外，其余3个属性亦都分为两个水平，分别以虚拟变量X_2、X_3、X_4取代。而价格（Price）为定量变量，使用原值即可，不必编码为虚拟变量。

表6-3 汽车属性水平编码表

属性	水平	定义	X_1	X_2	X_3	X_4	Price
车型	1	5人座房车	0				
	2	7人座房车	1				
品牌	1	Luxgen		0			
	2	Toyota Camry		1			
天窗	1	无			0		
	2	有			1		
指纹识别系统	1	无				0	
	2	有				1	
价格	100万美元～175万美元						100万美元～175万美元

根据编码表，由正交设计产生的产品轮廓的属性水平编码如表6-4所示。例如，轮廓1的特性包括5人座房车、Luxgen品牌、无天窗、无指纹识别系统，定价为100万美元，产品特性编码结果为（0,0,0,0,100）。只要属性水平挑选得当，现有产品与尚未上市的产品都可被编码为一串数据。

表6-4 产品特性编码：汽车范例

轮廓	X_1	X_2	X_3	X_4	Price
1	0	0	0	0	100
2	1	1	1	1	100
3	1	1	0	0	175
4	0	1	1	0	150
5	0	1	0	1	125
6	1	0	1	0	125
7	0	0	1	1	175
8	1	0	0	1	150

6.2.4 估计个性化偏好结构

一位理性消费者的产品购买行为，是追求效用最大化的结果；产品带来的效用越高，消费者的购买意愿越强。补偿模型（Compensatory Model）是最常见的效用模型之一，是一种线性模型，与回归模型类似。该模型假设消费者感知到的产品效用等于产品具备的属性水平与消费者的偏好结构的乘积之和。这代表即使产品在某项属性上表现不佳，也可能因为在其他属性上表现良好而具有高效用。例如，某产品的价格较高，但是质量良好；消费者如果较不在乎价格且很重视质量，就会认为该产品的整体效用高，其购买概率也较大。

联合分析经常采用补偿模型的假设来估计消费者的偏好结构。通过问卷调查，消费者逐一观察每张卡片代表的产品轮廓，再依其购买意愿给予每种产品一个整体的评分。例如，给予100分代表一定会购买，给予0分代表一定不会购买。以汽车为例，假设第1位消费者对于8个产品轮廓（见表6-2）的评分如表6-5所示。其中，产品特性（X_1, X_2, X_3, X_4, Price）多为虚拟变量（Price除外），数值为0或1；消费者的评分（Y）为0～100分，代表产品购买意愿。根据补偿模型的假设，不同产品获得的分数不一样是因为各产品的属性水平不相同；而属性水平对于分数的影响，就是消费者的偏好结构。

表6-5 产品特性与整体评分：第1位消费者

ID	轮廓	X_1	X_2	X_3	X_4	Price	Y
	1	0	0	0	0	100	40
	2	1	1	1	1	100	100
	3	1	1	0	0	175	5
1	4	0	1	1	0	150	30
	5	0	1	0	1	125	60
	6	1	0	1	0	125	45
	7	0	0	1	1	175	0
	8	1	0	0	1	150	30

回归分析适用于估计消费者的偏好结构，通过SPSS即可执行（也可以通过Execl等实现），步骤如图6-5所示。依次单击菜单栏的分析（Analyze）→回归（Regression）→线性回归（Linear）。在打开的对话框中把Y选入Dependent，X_1～X_4、Price等选入Independent。最后单击"OK"按钮，即可完成回归分析。产生的回归系数估计值，代表消费者个人的偏好结构。

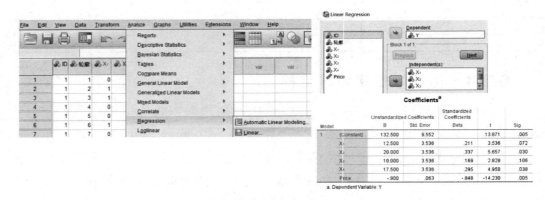

图6-5　SPSS的回归功能与估计结果

根据估计结果，第1位消费者的回归方程如下：

$$Y=132.5+12.5X_1+20X_2+10X_3+17.5X_4-0.9\,\text{Price} \tag{6-1}$$

在式（6-1）中，X_1～X_4为代表属性水平的虚拟变量，Price为产品价格（以万美元为单位）。前4个变量的回归系数相当于增值水平相对于基础水平的增额效用。价格的回归系数代表价格每上涨1万美元而产生的增额效用，理论上是负值，即产品越贵越不受消费者欢迎。

现以车型为例，说明回归系数的意义。根据式（6-1），在其他条件不变的情况下，7人座房车（$X_1=1$）与5人座房车（$X_1=0$）两个水平对应的产品评分（Y）如下：

$$当X_1=1时，Y=(132.5+12.5)+20X_2+10X_3+17.5X_4-0.9\,\text{Price}$$
$$当X_1=0时，\quad Y=132.5+20X_2+10X_3+17.5X_4-0.9\,\text{Price} \tag{6-2}$$

对以上两式进行比较就会发现，这位消费者给予车型为7人座房车的分数高于5人座房车12.5分。换句话说，与5人座房车相比，这位消费者更偏好7人座房车。

回归方程中的各项回归系数代表消费者的偏好结构，即消费者对不同属性水平的相对偏好程度。以轮廓1为例，对第1位消费者的偏好结构的解读如图6-6所示。其中，由于价格的回归系数是-0.9，代表产品价格由100万美元涨到125

万美元时，消费者的偏好减少22.5[（125-100）×（-0.9）]分。由回归系数的大小可知，该位消费者最偏好Toyota Camry品牌的汽车（$b_2=20$），其次是有指纹识别系统的汽车（$b_4=17.5$），再次是7人座房车（$b_1=12.5$），最后是有天窗的汽车（$b_3=10$）。然而，只要价格上涨25万美元，消费者的偏好就会减少22.5分，比其他项增加的分数都高。即（$b_{(p=100\to p=125)}=-22.5$），其余增值水平带来的效用都会被抵消，这代表消费者的价格敏感度颇高。

> 当车型由5人座房车换成7人座房车时，该消费者的偏好增加12.5分。
> 当品牌由Luxgen换成Toyota Camry时，该消费者的偏好增加20分。
> 有了天窗之后，该消费者的偏好增加10分。
> 有了指纹识别系统之后，该消费者的偏好增加17.5分。
> 当产品售价由100万美元上涨到125万美元时，该消费者的偏好减少22.5分。

图6-6 对第1位消费者的偏好结构的解读

回归系数估计值除了呈现消费者的偏好结构之外，也可以用来预测消费者对新产品的购买意愿。例如，表6-1中的产品属性水平共可建立64种汽车产品，但通过正交设计，企业只从中选取8种产品（可视为现有产品）进行问卷调查与回归分析。虽然余下未被纳入问卷调查的56种产品（可视为新产品）没有实际获得分数，但企业只要将各产品的属性水平编码代入式（6-1）所示的回归方程，就能预测消费者对于这些新产品的分数。

6.3 联合分析的营销应用

在营销学术界，联合分析是一门独立且重要的学科。随着消费者行为与营销大数据的发展日趋复杂，联合分析对所采用的统计模型也要求更高。但不管采用哪种统计模型，联合分析在营销上的应用都一样，包括挑选目标客群、愿付价格分析、预测产品的购买概率、最优定价分析等。

6.3.1 挑选目标客群

如果企业能够估计出每一位客户的偏好结构，就能精准地挑选目标客户，真正实现一对一营销。假设企业对甲、乙、丙3位客户的偏好结构的估计结果如图6-7所示。价格的回归系数与价格敏感度的概念类似，能够反映客户是否在乎价格。例如，当产品价格由100万美元上涨为175万美元时，客户乙的产品偏好只减少了0.75分，这表明其极不在乎价格的涨跌，价格敏感度很低；客户丙的产品偏好却大幅减少了217.5分，这代表其非常在乎价格的变化，价格敏感度很高。

客户甲的偏好结构：
$Y=133+13\times X_1+20\times X_2+10\times X_3+18\times X_4-0.9\times Price$
当价格从100万美元增加为175万美元时，这位客户的偏好就会减少67.5[75×(-0.9)]分。

客户乙的偏好结构：
$Y=133+13\times X_1+20\times X_2+10\times X_3+18\times X_4-0.01\times Price$
当价格从100万美元增加为175万美元时，这位客户的偏好就只会减少0.75[75×(-0.01)]分。

客户丙的偏好结构：
$Y=133+13\times X_1+20\times X_2+10\times X_3+18\times X_4-2.9\times Price$
当价格从100万美元增加为175万美元时，这位客户的偏好会减少217.5[75×(-2.9)]分。

类似于价格敏感度

图6-7　3位客户的偏好结构与价格敏感度

如果甲、乙、丙3位客户恰好代表企业面对的3个客群，当企业想要通过促销来提升销售量时，应该锁定哪一客群进行促销？对于价格敏感度最低的客户乙，企业其实不必进行促销优惠，即使进行促销，象征性地提供9.5折优惠即可。相反，针对价格敏感度最高的客户丙，企业如果能提供8折甚至是7折的优惠，就可能大幅增强其购买意愿。企业针对不同的客户提供不同的折扣，除了起到差别定价的效果外，也会使客户因为享受到符合自己需求的折扣而产生一定的尊荣感。

联合分析也可以应用于大数据营销，如根据客户的交易记录估计其偏好结构。如果以问卷调查进行资料搜集，营销人员也许会担心消费者的想法与实际购买行为不一致。交易记录反映的是消费者实际的购买行为，能够真实地彰显消费者的异质性。根据消费者的交易记录进行联合分析获得的个人偏好结构估计值如表6-6所示。这张表就是营销人员在面对各种不同的营销活动时，挑选目标客户的最佳依据。

表6-6　个人的偏好结构估计值

消费者	汽车的属性水平				
	车型（X_1）	品牌（X_2）	天窗（X_3）	指纹识别系统（X_4）	价格（Price）
Joe E.	0.27	22.52	74.66	30.91	-1.127 6
Mary S.	17.16	13.88	21.88	41.76	-0.549 4
Shirley G.	18.69	23.65	3.66	8.63	-2.017 2
Jan A.	11.52	8.51	49.20	22.20	-0.614 8
Edward B.	3.53	12.26	51.70	15.84	-0.002 1
Richard Y.	16.41	36.05	44.11	59.95	-0.455 0

续表

消费者	汽车的属性水平				
	车型 （X_1）	品牌 （X_2）	天窗 （X_3）	指纹识别系统 （X_4）	价格 （Price）
Susan A.	44.87	54.09	20.54	45.37	-2.239 8
Heather P.	5.34	43.03	26.23	51.51	-1.219 6
Mike T.	74.09	23.83	41.44	31.71	-0.912 7
Bill W.	28.18	16.27	78.42	11.30	-0.713 6
Gail L.	12.04	7.94	23.66	20.38	-0.363 2
Alan B.	26.68	32.41	16.12	20.22	-4.763 6
Joe W.	20.38	3.59	34.14	32.81	-1.143 9
Alice D.	17.90	24.74	31.86	37.05	-0.021 6
Tom M.	24.27	4.02	77.29	34.48	-0.169 2

　　将所有消费者按价格敏感度由低到高排序后，绘制出次数分布表，进行市场细分策略分析，如图6-8所示。按照价格敏感度的高低，消费者被分成两群。排序在前的消费者，属于高价格敏感度群体，比较在乎价格，是企业开展促销活动的最佳对象。

图6-8　按价格敏感度绘制的次数分布图

　　而排名靠后的消费者属于低价格敏感度群体，不在乎价格，企业针对其开展促销活动反而可能会引发其质疑企业产品的质量。因此，企业只需将促销活动信息发送给目标客群（如高价格敏感度群体），不必天女散花式地发给所有消费者，这样既可以避免浪费资源，也可以避免非目标客群（如低价格敏感度群体）对企业产生不良印象。

　　同理，如果企业推出一款新产品，强调品牌是"Toyota Camry"，又该锁定哪些消费者作为目标客群？传统营销的做法是先通过问卷调查搜集消费者对于几个产品轮廓的评分，再使用联合分析估计消费者的偏好结构。最后，将消费者按照"Toyota Camry相对于Luxgen"的成分效用值由高到低排序。此时位于前20%的消费者就可被视为目标客群，如图6-9所示。然而，通过问卷调查获得的仅是样本数据，消费者大约仅有数百名，最多为上千名；经筛选后被锁定为目标客群的消费者则更少，这显然并非目标市场的全部，而只是其中一部分。

Susan A.	54.09
Heather P.	43.03
Richard Y.	36.05
Alan B.	32.41
Alice D.	24.74
Mike T.	23.83
Shirley G.	23.65
Joe E.	22.52
Bill W.	16.27
Mary S.	13.88
Edward B.	12.26
Jan A.	8.51
Gail L.	7.94
Tom M.	4.02
Joe W.	3.59

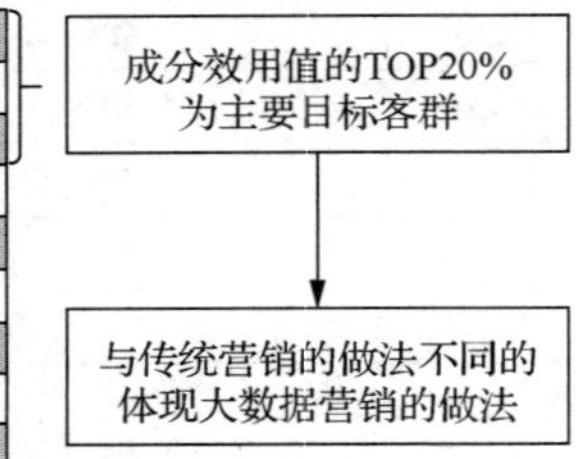

成分效用值的TOP20%为主要目标客群

与传统营销的做法不同的体现大数据营销的做法

图6-9 强调品牌是"Toyota Camry"的目标客群

为了能够有效接触全体消费者，企业有必要使用一些可测量的变量描述目标客群的具体特征，这称为细分轮廓（Segment Profile）。收入、生活形态、社会经济地位等都是常用的细分轮廓变量。对市场细分与细分轮廓变量进行交叉分析，再使用二者的关系描述每个细分市场的细分轮廓，即进行客户画像。细分轮廓有助于营销人员在茫茫人海中找到可能属于目标客群的消费者，以及制定更贴近细分市场特性的营销策略。

例如，笔者曾经为一个矿泉水品牌做过市场调查，以获取消费者对水果口味矿泉水的看法。联合分析的结果显示，大多数受访者关于水果口味矿泉水的回归系数都是负值，这些人认为矿泉水就应该是无味的，他们不想喝出其他味道。话虽如此，仍有5%的受访者对水果口味矿泉水的回归系数是正值。样本人数的5%虽然很少，但全体市场的5%就是一个值得开发的细分市场。问题在于，企业要如何在市场上找到这5%的消费者，向他们推荐水果口味矿泉水？此时就有必要使用一些人口统计变量来描述目标客群的特征。在经过交叉分析之后，笔者发现样本中偏好水果口味矿泉水的几乎都是女高中生。在目标客群有了明确的特征以后，企业就比较容易制定营销策略，新产品也能得到更有针对性的开发。

如果以交易数据库进行联合分析而获得每位消费者的偏好结构，又该如何锁定目标客群？假设企业旗下有10万名消费者，如果能估计出每位消费者对于"Toyota Camry相对于Luxgen"的偏好分数，就能够挑选排在前20%的消费者（2万名）作为Toyota Camry的目标客群。每位消费者在成为会员之初，都已留下个人的联系信息，如电话、电子邮件、住址等。因此，只要能够列出目标客群名单，企业就能直接发送新产品信息给这群人，进行一对一营销。所以，企业根本不必在意目标客群的具体特征是什么，细分轮廓对于一对一营销没有太大意义。

6.3.2　愿付价格分析

产品的属性水平因为能够改善消费者的日常生活，从而能提供一定价值。将属性水平提供的价值加以量化，有助于讨论不同属性之间的权衡或抵换关系。权衡分析（Trade off Analysis）探讨在保持产品效用不变的条件下，某一属性水平的变化造成的效用增加可以弥补另一属性水平的变化造成的效用减少的程度。权衡分析常应用于探讨属性水平的愿付价格。例如，某一属性从基本水平转换为增值水平所增加的产品效用，可以弥补因为价格上升而减少的效用。

假设第1位消费者的偏好结构如图6-10所示。为便于计算愿付价格，此处将价格的回归系数进位成"-1"。由图6-10可知，对于第1位消费者而言，如果品牌由Luxgen换成Toyota Camry，产品效用增加20分（$Y\uparrow20$），这足以弥补因价格上涨20万美元（$Price\uparrow20$）造成的效用下降（$Y\downarrow20$）。换言之，在其他条件相同时，这名消费者愿意多付20万美元购买Toyota Camry的汽车。反过来说，Luxgen的汽车要降价20万美元，这名消费者才有可能从购买Toyota Camry的汽车转为购买Luxgen的汽车。消费者对这两个品牌的愿付价格差距，显示出其相对于Luxgen所感知到的Toyota Camry的品牌权益或品牌价值。

图6-10　使用权衡分析计算相对品牌权益

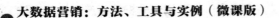
根据权衡分析，由某一属性水平转换成另一属性水平的愿付价格的计算公式如下：

$$愿付价格 = -\frac{两个属性水平的效用差距}{价格系数} = -\frac{\beta_k}{\beta_{Price}} \qquad (6\text{-}3)$$

因此，消费者愿付价格相当于其对两个属性水平的相对偏好（即效用差距）除以其价格敏感度的结果。以相对品牌权益为例，如果消费者对Toyota Camry相对于Luxgen的偏好越强，或价格敏感度越低，那么其感知到的相对品牌权益越高，计算结果如图6-11所示。

排名顺序	消费者	Camry系数（1）	价格系数（2）	Camry相对品牌权益/万美元 -（1）/（2）	
1	5. Edward B.	12.26	-0.0021	5838.10	相对品牌权益因人而异。相对品牌权益加总之后，可用于推论整体市场的品牌价值。
2	14. Alice D.	24.74	-0.0216	1145.37	
3	6. Richard Y.	36.05	-0.4550	79.23	
4	8. Heather P.	43.03	-1.2196	35.28	
5	9. Mike T.	23.83	-0.9127	26.11	
6	2. Mary S.	13.88	-0.5494	25.26	
7	7. Susan A.	54.09	-2.2398	24.15	
8	15. Tom M.	4.02	-0.1692	23.76	
9	10. Bill W.	16.27	-0.7136	22.80	
10	11. Gail L.	7.94	-0.3632	21.86	
11	1. Joe E.	22.52	-1.1276	19.97	
⋮	⋮	⋮	⋮	⋮	
997	4. Jan A.	8.51	-0.6148	13.84	Luxgen的目标客群。
998	3. Shirley G.	23.65	-2.0172	11.72	
999	12. Alan B.	32.41	-4.7636	6.80	
1000	13. Joe W.	3.59	-1.1439	3.14	

资料来源：虚拟的问卷调查结果。

图6-11 个性化的相对品牌权益

图6-11中的每位消费者都认为Toyota Camry的品牌价值高于Luxgen，特别是Edward B.这位消费者。虽然其对Toyota Camry相对于Luxgen的偏好并不是最高的，但是他有最低的价格敏感度，也就是他最不在乎价格，所以愿意付更多的钱使汽车品牌可以从Luxgen换成Toyota Camry。相对品牌权益之和可以用来推论整体市场的品牌价值，也就是说，在本例中，整个市场都认为Toyota Camry相对于Luxgen具有更高的品牌价值。

相对品牌权益也可以用于锁定不同品牌的目标客群。在图6-11中，所有消费者按照相对品牌权益由高到低排序。其中，排在前20%的消费者可被视为Toyota Camry的目标客群，因为这群消费者感知到的Toyota Camry的品牌价值远高于其他消费者。相反，排在后20%的消费者可以被视为Luxgen的目标客群。虽然这群客户也认为Luxgen的品牌价值小于Toyota Camry，但他们觉得这两个品牌的价值差距很小，因此比较容易被Luxgen的营销策略所打动。

6.3.3 预测产品的购买概率

消费者的偏好结构可以作为产品推荐系统推荐产品的依据，运作程序如下。首先，使用一组被定义好的虚拟变量，对每件产品进行编码，如根据表6-4，将轮廓6编码为（1,0,1,0,125）；其次，将产品的编码数据代入消费者的偏好结构，计算出消费者的偏好分数；最后将偏好分数除以100，就可得到消费者购买该产品的概率，如图6-12所示。例如，根据第1位消费者的偏好结构，可计算出轮廓6被购买的概率为0.425。同理，将所有产品的编码数据逐一代入消费者的偏好结构，就能计算出该消费者对于各项产品的购买概率，而概率最高的前几项产品就可被列入产品推荐系统提供给该消费者的产品推荐列表。

轮廓	车型	品牌	天窗	指纹识别系统	价格
6	7人座房车	Luxgen	有	无	125万美元

↓ 编码

轮廓	X_1	X_2	X_3	X_4	Price
6	1	0	1	0	125

第1位消费者对该产品的购买意愿为：

$$\hat{Y} = 132.5 + 12.5X_1 + 20X_2 + 10X_3 + 17.5X_4 - 0.9\,Price$$

$$= 132.5 + 12.5 \times 1 + 20 \times 0 + 10 \times 1 + 17.5 \times 0 - 0.9 \times 125 = 42.5$$

因此，这位消费者购买轮廓6的概率是42.5÷100=0.425

图6-12 第1位消费者对于特定产品的购买概率

根据偏好结构预测每位消费者对特定产品的偏好分数，也有助于为该产品挑选目标客群。例如，将轮廓6的编码数据代入所有消费者的偏好结构后，计算相应的偏好分数，如表6-7所示。将消费者按照偏好分数由高到低排序后，就可锁定排在前20%的为目标消费者，进行一对一营销。值得注意的是，虽然由偏好结构计算出来的偏好分数适合作为排序的依据，但企业不必太在意其绝对意义。例如，即使排名第1的消费者的偏好分数只有20分，即其购买概率仅为0.2，看起来其好像不太可能购买产品，但是相对而言，这位消费者是所有消费者当中最有可能购买产品的人，也是最值得做产品推荐的对象。

表6-7　所有消费者对轮廓6的偏好分数

排名	客户	$\hat{Y}$
1	7. Susan A.	89
2	8. Heather P.	75
3	6. Richard Y.	74
4	12. Alan B.	73
5	14. Alice D.	73
6	9. Mike T.	71
7	3. Shirley G.	70
8	1. Joe E.	69
9	10. Bill W.	60
10	2. Mary S.	57
11	5. Edward B.	56
⋮	⋮	⋮
99,997	4. Jan A.	31
99,998	11. Gail L.	27
99,999	15. Tom M.	20
100,000	13. Joe W.	13

6.3.4　最优定价分析

一个好的价格，不仅可以吸引消费者购买产品，也可以使企业获取理想的利润。因此，企业在制定价格时除了要考虑消费者的购买意愿之外，也要尽量追求利润最大化。产品预期利润的计算公式如下：

$$预期利润=购买概率×（单位价格-生产成本）\qquad（6-4）$$

在式（6-4）中，单位价格与生产成本的差值就是产品的单位利润，以单位利润乘以产品的购买概率，就可得到该产品的预期利润。其中，购买概率是需求量的概念，定义为产品评分除以100。以第1位消费者为例，将轮廓6的特性编码（1,0,1,0）代入其偏好结构，得到的购买概率是价格的函数：

$$\hat{Y}÷100=（132.5+12.5×1+20×0+10×1+17.5×0-0.9\ Price）÷100$$
$$=（155-0.9\ Price）÷100\qquad（6-5）$$

由式（6-5）可知，购买概率与价格呈反向关系，符合需求准则。现假设轮廓6的单位生产成本为65万美元，将购买概率代入预期利润的计算公式，得到预期利润函数：

$$预期利润=（155-0.9\ Price）÷100×（Price-65）$$
$$=[-0.9（Price）^2+213.5\ Price-10\ 075]÷100\qquad（6-6）$$

由式（6-6）可知，对第1位消费者而言，轮廓6的预期利润是价格的二次函数，随着价格的递增，预期利润呈现先上升后下降的走势，如图6-13所示。当价格较低的时候，虽然购买概率较高，但是单位利润较少，因此预期利润少。随着价格的增加，单位利润虽然逐渐增加，但购买概率逐渐降低，因此预期利润随着价格的增加而增加的速度越来越慢，该增加速度为0时，预期利润达到最高点。

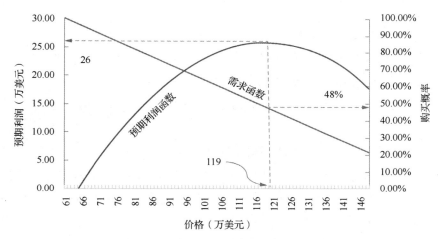

图6-13　第1位消费者对轮廓6的预期利润函数与需求函数

预期利润随价格变化的程度可表示为预期利润函数对价格的一阶微分。令一阶微分等于0，即可求出利润最大化条件下的最优价格：

$$\frac{\partial 利润}{\partial 价格}=（-2\times0.9\text{Price}+213.5）\div100=0$$

$$\Rightarrow 最优价格\ \text{Price}=213.5\div1.8\approx119（万美元）\qquad（6\text{-}7）$$

换句话说，对第1位消费者而言，将轮廓6的价格定在119万美元，预期利润就会达到最大，计算结果如下：

$$预期利润=\hat{y}/100\times（单位价格-生产成本）$$

$$=（155-0.9\times119）\div100\times（119-65）\approx26（万美元）\qquad（6\text{-}8）$$

不过，任何的预测都必须考虑不确定性因素，即所谓的风险。统计的好处就在于可以根据样本数据的变异程度评估预测值的可信范围，也就是所谓的置信区间（Confidence Interval）或预测区间（Prediction Interval），此内容将在下一节做详细说明。

6.4　回归分析

使用统计模型的目的是帮助决策者做预测。如果预测的对象可以被定量化，那么回归分析是最常被使用的统计方法。回归分析的目的是探讨单一定量反应变量（Quantitative Response Variable，以Y表示）与多个定量解释变量（Quantitative Explanatory Variables，以X表示）的关系，回归模型如下：

$$Y=\alpha+\beta_1 X_1+\beta_2 X_2+ \cdots+\beta_K X_K+ \varepsilon \qquad (6\text{-}9)$$

式中，

Y表示单一定量反应变量；

$X_1, X_2,\cdots,X_K$表示K个定量解释变量；

α表示截距项（Intercept）；

$\beta_1, \beta_2,\cdots,\beta_K$表示$K$个斜率项（Slope），分别代表$X_k$每变动一单位，$Y$随着变动的平均单位数；

ε表示误差项，即无法被X解释的部分，也称预测误差。

其中，反应变量（Y）通常是绩效变量，如学生的考试成绩、消费者的购买意愿、产品的销售量、厂商的利润等。解释变量（X）则是理论上可能会造成反应变量产生变化的决策变量或环境变量，如学生的念书时间、消费者的特质、产品的属性水平、厂商的营销预算等。截距项（α）与斜率项（β）统称为回归系数（Regression Coefficients），在统计学上被视为未知且固定的总体参数（Parameters），须借助样本数据的计算得到估计值。

对于决策者来说，反应变量（Y）是想要预测的对象，解释变量（X）则是事先可以控制的已知数值。如果要根据回归模型获得预测值，就必须先得到回归系数估计值。以下通过一些简单的模型假设，说明如何进行参数估计。

6.4.1 只有一个解释变量的简单回归

回归模型中只有一个解释变量时，该模型称为简单回归模型（Simple Regression Model）。简单回归模型如下：

$$y_i=\alpha +\beta x_i+ \varepsilon_i \qquad (6\text{-}10)$$

该模型假设反应变量（Y）只受到一个解释变量（X）的影响。在已知解释变量的观察值（x_i）的条件下，反应变量的预测值因人而异，即$\hat{y}_i=\alpha+\beta x_i$，因此该模型的预测能力显然比无解释变量的基本模型更好。以学生的考试分数（Y）为例，假设性别（X）是影响因素，样本数据整理如表6-8所示。由于性别是定性变量，须先编码为虚拟变量，才能代入回归模型。

表6-8 考试分数的数据格式：性别为解释变量

ID	Y	X
1	y_1	x_1
2	y_2	x_2
⋮	⋮	⋮
i	y_i	x_i
⋮	⋮	⋮
n	y_n	x_n

现设定x_i=1代表男生，x_i=0代表女生，那么式6-10所示的回归模型可拆解成如下形式：

$$当\ x_i=1时，\ y_i=(\alpha+\beta)+\ \varepsilon_i=\mu_{男}+\ \varepsilon_i$$
$$当\ x_i=0时，\ y_i=\alpha+\ \varepsilon_i=\mu_{女}+\ \varepsilon_i \qquad （6\text{-}11）$$

由式（6-11）可知，女生成绩的预测值为（α），男生成绩的预测值则为（$\alpha+\beta$），因此斜率项（β）相当于男生平均成绩与女生平均成绩的差距，即$\beta=\mu_{男}-\mu_{女}$。如果$\beta>0$，就代表男生平均成绩高于女生，$\beta<0$则代表男生平均成绩低于女生。在已知个人的x_i值的条件下，所产生的预测值为$\hat{y}_i=\hat{\alpha}+\hat{\beta}x_i$，此时误差平方和为最小值。

6.4.2 模型的预测能力

回归分析通过模型的建立，将反应变量（Y）的总变异拆解为两个部分，包括可解释变异与不可解释变异两个部分。其中，总变异又称总平方和（Sum of Square for Total，SST），是指在模型没有引入任何解释变量的情况下，只能以样本平均数（$\bar{y}$）为预测值而造成的预测误差平方和。计算公式如下：

$$SST=\sum_{n=1}^{n}\left(y_i-\bar{y}\right)^2 \qquad （6\text{-}12）$$

同时，不可解释变异又称误差平方和（Sum of Square due to Error，SSE），是指当模型引入解释变量之后，总变异中仍然无法被样本预测值（$\hat{y}_i$）所解释的部分。计算公式如下：

$$SSE=\sum_{i=1}^{n}\left(y_i-\hat{y}_i\right)^2 \qquad （6\text{-}13）$$

最后，可解释变异又称回归平方和（Sum of Square due to Regression，SSR），是指总变异中可以被解释变量所解释的部分，即样本预测值（$\hat{y}_i$）与样本平均数（$\bar{y}$）之间的误差平方和。计算公式如下：

$$SSR=\sum_{i=1}^{n}\left(\hat{y}_i-\bar{y}\right)^2 \qquad （6\text{-}14）$$

在给定一组样本数据（$y_1, y_2, \cdots, y_n$）的条件下，SST是一个固定值，而SSR与SSE是此消彼长的关系，二者的大小取决于模型的设定。一般来说，模型引入的解释变量个数越多，SSR就会越大，这代表模型的预测能力越强。三者之间的关系如下：

$$SST=SSR+SSE \qquad (6\text{-}15)$$

此外，在给定一组解释变量的条件下，由于由不同样本数据计算出来的SST与SSR都不相同，所以企业必须将其标准化后才能进行比较。判定系数（Coefficient of Determination）又称R-Square（R^2），为SSR相对于SST的比值，代表可解释变异占总变异的比例。计算公式如下：

$$R^2=SSR/SST \qquad (6\text{-}16)$$

判定系数（R^2）是用来评估回归模型预测能力的指标。以汽车调查为例，第1位消费者的评分通过回归分析而产生的变异数分析表（ANOVA Table），如图6-14所示。由图6-14可知，R^2值高达0.992 9，这代表这位消费者对8个产品轮廓给出了不一样的分数，其中有高达99.29%的变异可以被代入模型的属性水平所解释，而且这位消费者的偏好结构非常稳定，可预测性极强。

回归统计	
R的倍数	0.99644
R平方	0.9929
调整的R平方	0.97513
标准误	5
观察值个数	8

ANOVA	自由度	SS	MS	F	显著值
回归（Regression）	5	6987.5	1397.5	55.9	0.01767
残差（Error）	2	50	25		
总和（Total）	7	7037.5			

图6-14　模型配适度指标：以第1位消费者为例

反过来说，假设对另外一位消费者的评分，使用相同的模型设定进行回归分析，却获得R^2=0.3的结果，这是什么意思呢？这说明基于联合分析挑选的属性水平，如5人座房车或7人座房车、Luxgen或Toyota Camry等，只能解释这位消费者的购买意愿中约30%的变异。如果大部分消费者的R^2值都偏低，就代表企业应该重新更换一组属性水平进行联合分析，以提升模型的预测能力。

6.4.3　置信区间

在6.3.4节中，我们是通过采用消费者的产品评分函数建立预期利润函数，进而推导在利润最大化条件下的最优定价的。然而，在推导过程中我们仅考虑了产品评分的预测值（$\hat{y}_i$），而忽略了做任何预测都必须考虑的不确定性，即所谓的风险。如上一节所述，判定系数是用来评估回归模型预测能力的指标；

判定系数越大，代表回归模型解释数据的能力越强，提供的预测值（$\hat{y}_i$）越精准，管理人员面临的决策风险越低。有别于点估计（Point Estimate）只能提供单一数值的信息，置信区间估计（Confidence Interval Estimate）能够进一步呈现回归模型能够精确到什么程度，不确定性有多强。

预测值（$\hat{y}_i$）的置信区间并不是一个固定区间，而是随着解释变量数值的变化（$x_{1i}, x_{2i} \cdots x_{Ki}$）而变化，计算过程相当复杂。此处采用SPSS的回归分析功能，计算第1位消费者对于轮廓6（定价修改为最适值119万美元）的评分的95%置信区间，进而推导对应的预期利润区间。首先将第1位消费者的评分数据（见表6-5）输入SPSS的数据窗口，再补上定价为119万美元的轮廓6的编码数据，但评分为缺失值；其次，按照进行回归分析的步骤，设定反应变量与解释变量；最后，单击"Save"，勾选"Unstandardized（非标准化预测值）"与"Mean［平均数的预测区间（即置信区间）］"，执行回归分析程序，如图6-15所示。

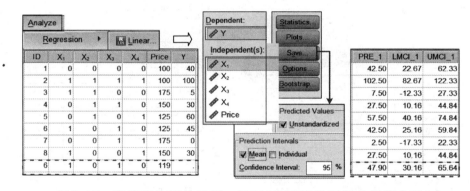

图6-15 预测值的置信区间：使用SPSS进行回归分析的步骤

分析结果显示，面对轮廓6的属性水平与最优价格119万美元，第1位消费者的购买概率的点估计值约为0.48（47.90÷100）。而在考虑各种因素之后，购买概率的95%置信区间约为[0.30, 0.66]。因此，对企业而言，该消费者可能购买轮廓6而产生的预期利润如下：

悲观情况下的预期　　利润=0.30×（119−65）=16.20（万美元）

一般情况下的预期　　利润=0.48×（119−65）=25.92（万美元）

乐观情况下的预期　　利润=0.66×（119−65）=35.64（万美元）

由上可知，将产品价格设定为119万美元时，预期利润一般为25.92万美元。而根据购买概率的95%置信区间，该产品的预期利润为16.20万～35.64万美元。换句话说，即使是在悲观的情况下，该产品仍然有16.20万美元的利润，获利能力相当强。消费者回归模型的判定系数越高，代表消费者的偏好结构越稳定，不可解释变异所占的百分比越低，置信区间越窄，对预期利润的预测也就越精确，这些都是点估计值无法反映的信息。一个完整的统计模型应能提供反映决策风险的定量指标（如R^2），以协助决策者有效地降低决策风险。

6.5 大数据营销的新产品推荐系统

进行联合分析时，除了可以通过问卷调查搜集数据之外，也可以使用交易数据库中的数据，两者最大的不同之处在于受测产品的形态。问卷调查搜集的是受访者对单一产品（如汽车）不同属性水平的评分，交易数据库记录的是五花八门的购买品项，但这些记录中很少有客户针对单一产品购买各种型号的行为，因此在交易数据库中同一客户因购买而形成的产品代号不会重复（见图6-16）。如果要进行联合分析，那么交易数据库必须先与产品特性编码文件结合，构成一个兼具反应变量（产品购买行为）与解释变量（产品属性水平）的完整数据格式，这使得营销人员面临以下3个难题。

交易数据库

顾客	购买日期	产品代号	金额
Roger J.	19990621	Z001	7466
Roger J.	19991010	A149	2188
Roger J.	19991224	F110	366
Roger J.	20000211	A099	4920
Roger J.	20000328	J021	5170
Roger J.	20000808	P210	411
Roger J.	20001220	W034	2054
Roger J.	20010404	E333	2623
Roger J.	20010901	K491	144
⋮			
Gregory L.	19990708	N129	7842
Gregory L	19991110	H476	2366
Gregory L	20000511	S076	612
Gregory L	20001020	A488	3414
Gregory L	20001220	L356	186
Gregory L	20010220	Y227	729

产品特性编码文件

产品代号	X_1	X_2	X_3		X_{20}
Z001	1	0	0		0
A149	1	1	0		0
F110	0	1	0		0
A099	0	0	1		1
J021	0	1	1		1
P210	0	0	1		1
W034	1	0	1		1
E333	1	0	0		0
K491	0	1	0		0
N129	0	0	1		0
H476	0	1	1		1
S076	1	0	1		0
A488	1	1	0		1
L356	0	0	1		0
Y227	1	0	0		0

Roger J.的回归方程式为：
$$Y = 116 + 24 \times X_1 + 38 \times X_2 + 22 \times X_3 + \dots + 12 \times X_{20}$$

Gregory L.的回归方程式为：
$$Y = 23 + 42 \times X_1 + 12 \times X_2 + 33 \times X_3 + \dots + 27 \times X_{20}$$

图6-16　模拟的交易数据库与产品特性编码文件

6.5.1 选取共同的产品属性

使用交易数据库进行联合分析面临的第一个难题是，究竟要选取哪些产品属性建立编码表，才能让五花八门的产品都能被编码成数值数据。例如，3C卖场销售各种各样的产品，如电饭煲、电热水瓶、电咖啡壶、烤箱、微波炉、吸尘器、音响、电视等。在建立产品特性编码文件时，我们必须找到这些产品的共同属性，如制造来源、品牌来源、功能、外观样式、价位比、市场口碑等。

据此，可设定表6-9所示的3C产品属性水平编码表。假设这些产品的制造来源与品牌来源都分为A国、B国、C国、其他等4个水平（$K=4$），因此将其分别编码为3个虚拟变量（$X_1,X_2,X_3; X_4,X_5,X_6$）。同理，功能分为强、中、弱3个水平，应编码为两个虚拟变量（X_7,X_8）；外观样式与市场口碑都分为两个水平，因此仅需编码为一个虚拟变量（$X_9;X_{11}$）。此外，价位比（X_{10}）本身可以直接应用于回归分析，无须编码。根据编码表，3C卖场就可将旗下所有产品编码成数值数据，构成一个产品特性编码文件。

表6-9　3C产品属性水平编码表

属性	水平	X_1	X_2	X_3	X_4	X_5	X_6	X_7	X_8	X_9	X_{10}	X_{11}
制造来源	A国	1	0	0								
	B国	0	1	0								
	C国	0	0	1								
	其他	0	0	0								
品牌来源	A国				1	0	0					
	B国				0	1	0					
	C国				0	0	1					
	其他				0	0	0					
功能	强							1	0			
	中							0	1			
	弱							0	0			
外观样式	新款									1		
	旧款									0		
价位比	数值										> 0	
市场口碑	佳											1
	无											0

一个完整的数据格式必须同时具备反应变量与解释变量。假设3C卖场的交易数据文件的部分内容如表6-10的前3列所示。例如，编号为CT3626的客户曾经买过床头音响、吹风机、电咖啡壶这3种产品；编码为BR0774的客户曾经买过电饭煲、电热水瓶等5种产品。现设定反应变量（Y）为购买与否，$Y=1$代表曾经购买，$Y=0$代表未曾购买。然而，表中的每笔资料都是$Y=1$，因为只有"曾经购买"的行为才会被记录在交易数据文件中。其余变量如$X_1,X_2,\cdots,X_{11}$等，则来自产品特性编码文件，作为解释变量（X）。事实上，表6-10是根据"产品型号"这个关键变量，合并交易数据文件与产品特性编码文件而得到的结果。

表6-10 合并交易数据文件与产品特性编码文件

客户编号	品名	产品型号	Y	X_1	X_2	X_3	X_4	X_5	X_6	X_7	X_8	X_9	X_{10}	X_{11}
CT3626	床头音响	ABC002	1	0	1	0	0	0	1	1	0	1	1.58	1
	吹风机	JXL006	1	0	1	0	0	0	1	0	1	1	2.83	1
	电咖啡壶	MLE001	1	1	0	0	1	0	0	1	0	1	3.16	1
BR0774	电饭煲	GEO008	1	0	0	1	0	0	1	1	0	0	0.36	0
	电热水瓶	HTT015	1	0	0	0	0	0	0	0	0	0	0.89	0
	果菜榨汁机	FPM009	1	0	1	0	0	0	1	0	0	0	0.72	1
	吸尘器	SIJ005	1	0	0	0	0	0	0	1	0	1	1.83	1
	烘碗机	HBL004	1	0	0	0	0	0	0	0	0	0	0.46	0

　　然而，如果想将该数据格式用于回归分析以估计客户的偏好结构，会面临两个难题。其一，反应变量的观察值只有1，没有任何变异，导致无法进行参数估计。其二，就算加入$Y=0$的数据，反应变量也只有0、1两种观察值，不适合使用一般的回归模型进行参数估计，必须使用其他统计模型。以下针对这两个难题，分别说明可行的解决方案。

6.5.2 建立考虑集合

　　使用交易数据库进行联合分析会面临的第二个难题是，企业无法得知客户是从哪些产品中挑选出要购买的产品的。消费者行为理论指出，消费者在做出购买决策之前，脑海中会先列举出一些能够满足购买基本要求的产品方案，这统称为考虑集合（Consideration Set），然后消费者对各产品进行评比。在汽车的例子中，将经正交设计产生的8个产品轮廓纳入问卷，就是在帮助客户塑造考虑集合。经过评比之后，客户按其购买意愿给出对每项产品的评分，分析人员再通过回归分析估计客户的偏好结构。

　　相比之下，交易数据库仅能记录客户已经购买的产品，却无从得知客户是从哪些产品之中做出选择的。在表6-11中，我们只能观察到客户从考虑集合中挑选出来的要购买的产品，无法根据已购买产品（$Y=1$）与未购买产品（$Y=0$）之间的差异来估计客户的偏好结构。因此，我们必须找出客户考虑过却未购买的产品，才能进行回归分析。然而，考虑集合只存在于客户的脑海中，企业也不可能在购买行为发生时逐一询问客户的想法，因此企业必须另辟蹊径，设法建立考虑集合。因此，下面介绍3种建立考虑集合的方法供企业参考。

1. 陈列完整的产品系列

　　第一种做法是将已购买产品的所有型号全部纳入交易数据库，如表6-11

所示。例如，编号为CT3626的客户曾经买过床头音响、吹风机、电咖啡壶这3种产品。假设床头音响包括4个型号，其中一款被这位客户购买；吹风机包括7个型号，电咖啡壶包括5个型号，二者中也各有一款被购买。因此，对这位客户而言，数据格式共可列举16（4+7+5）个型号的产品，其中，有3个产品型号已被购买（$Y=1$），其余13个产品型号未被购买（$Y=0$）。

表6-11　列举所有产品型号的交易数据

客户	品名	产品型号	Y	X_1	X_2	X_3	X_4	X_5	X_6	X_7	X_8	X_9	X_{10}	X_{11}
CT3626	床头音响	ABC001	0	1	0	0	1	0	0	0	0	0	0.47	0
		ABC002	1	0	1	0	0	0	1	1	0	1	1.58	1
		ABC003	0	0	0	0	0	0	1	0	1	0	2.36	1
		ABC004	0	1	0	0	0	1	0	1	0	1	0.77	0
	吹风机	JXL001	0	1	0	0	1	0	0	0	0	1	1.50	0
		JXL002	0	0	0	1	0	1	0	1	0	1	2.11	1
		JXL003	0	0	0	1	0	0	1	0	1	0	0.36	1
		JXL004	0	0	0	0	0	0	0	0	0	0	0.89	0
		JXL005	0	0	1	0	0	0	0	0	0	0	0.72	1
		JXL006	1	0	0	0	0	0	1	0	1	0	2.83	1
		JXL007	0	0	0	0	0	0	0	0	0	0	0.46	0
	电咖啡壶	MLE001	1	1	0	0	1	0	0	1	0	1	3.16	1
		MLE002	0	0	0	1	1	0	0	1	0	0	0.96	1
		MLE003	0	0	0	0	0	0	0	0	0	0	0.42	1
		MLE004	0	0	1	0	0	0	1	0	1	0	1.38	1
		MLE005	0	0	0	1	0	0	0	0	1	1	1.56	0

这种做法假设考虑集合包含所有与已购产品同类型但不同型号的产品。这相当于假设消费者在购买时已经熟知3C卖场的产品目录，或者货架上陈列了完整系列的产品，如此消费者才有可能对所有款式进行评比。显然这个假设不太可能成立。更何况，一件产品的型号往往不止三五个，有的甚至有十几个。如果将全部型号列入数据格式，$Y=1$的数据就只有寥寥几笔，而$Y=0$的数据却会高达几十笔。这种数据格式会弱化产品购买与否（Y）与产品特性（X）之间的关系，除了使参数估计不够稳定之外，也会使通过模型得到的购买概率偏低，从而会产生任何一件新产品都不会被购买的预测结果，也就不易提供有用信息给新产品推荐系统。为了避免该情形发生，我们势必要删除一些$Y=0$的数据。

2. 以购买时间与地点为基准

第二种做法是以消费者的购买时间与地点（如门店）为基准，如筛选出前60天到后30天内该门店售出的同类型但不同型号的产品，以此建立考虑集合。因为有售出的事实，所以这些产品在这段时间内是陈列在门店的货架上的，可以让消费者在购买时看到而进行评比。根据该定义，从表6-11中剔除相应期间内缺乏销售记录的产品，得到表6-12。经过删减后的交易数据，才能代入统计模型进行分析。

表6-12　剔除前60天到后30天内无销售记录的产品

客户	品名	型号	Y	X_1	X_2	X_3	X_4	X_5	X_6	X_7	X_8	X_9	X_{10}	X_{11}
CT3626	床头音响	ABC001	0	1	0	0	1	0	0	0	0	0	0.47	0
		ABC002	1	0	1	0	0	0	1	1	0	1	1.58	1
		ABC003	0	0	0	0	0	0	1	0	1	0	2.36	1
		~~ABC004~~	0	1	0	0	0	1	0	1	0	1	0.77	0
	吹风机	JXL001	0	1	0	0	1	0	0	0	0	1	1.50	0
		JXL002	0	0	0	1	0	1	0	0	0	1	2.11	1
		~~JXL003~~	0	0	0	1	0	0	1	1	0	0	0.36	0
		JXL004	0	0	0	0	0	0	0	0	0	0	0.89	0
		JXL005	0	0	1	0	0	0	1	0	1	0	0.72	1
		JXL006	1	0	1	0	0	0	1	0	1	1	2.83	1
		~~JXL007~~	0	0	0	0	0	0	0	0	0	0	0.46	0
	电咖啡壶	MLE001	1	1	0	0	1	0	0	1	0	1	3.16	1
		MLE002	0	0	0	1	1	0	0	1	0	0	0.96	1
		~~MLE003~~	0	0	0	0	0	0	0	0	0	0	0.42	1
		~~MLE004~~	0	0	1	0	0	0	1	0	1	1	1.38	1
		MLE005	0	0	0	1	1	0	0	0	1	1	1.56	0

显然，"前60天到后30天"这个设定还有进一步讨论和研究的需要。到底要设定成购买时间的前多少天或后多少天，企业需要根据自己的经营形态与交易数据库的特性进行确定。企业也可以比较哪种设定会使产品推荐系统的命中率（Hit Rate）达到最高，从而将其作为交易数据库的设定。

3. 使用正交设计

第三种做法是根据企业选取的共同属性（见表6-10），通过正交设计建立考虑集合。其中，价位比设定为0.5、1、1.5、2这4个水平，与其他属性一起建立16个产品轮廓，如表6-13所示。正交设计的优点是候选的产品轮廓个数有限，不会使Y=0的数据数量过多；无须企业费神设定购买前后的天数，更不必去扫描相应期间内被售出的产品有哪些。

表6-13　产品轮廓与购买记录的整合

客户	型号	轮廓	Y	X_1	X_2	X_3	X_4	X_5	X_6	X_7	X_8	X_9	X_{10}	X_{11}
CT3626	ABC002	1	1	0	1	0	0	0	1	1	0	1	1.58	1
		2	0	0	0	0	0	1	0	0	0	1	1.5	1
		3	0	1	0	0	0	1	0	0	1	1	2	0

续表

客户	型号	轮廓	Y	X_1	X_2	X_3	X_4	X_5	X_6	X_7	X_8	X_9	X_{10}	X_{11}
		4	0	0	0	0	1	0	0	1	0	1	1	0
		5	0	0	1	0	1	0	0	0	1	0	1.5	0
		6	0	0	0	0	0	0	1	0	1	0	0.5	1
		7	0	0	0	1	0	1	0	1	0	0	0.5	0
		8	0	0	1	0	0	1	0	1	0	0	1	1
		9	0	0	0	1	0	0	0	0	1	1	1	1
CT3626		10	0	0	0	1	0	0	1	1	0	1	1.5	0
		11	0	1	0	0	0	0	1	0	0	0	1.5	1
		12	0	0	0	0	0	0	0	1	0	0	2	0
		13	0	0	0	1	1	0	0	0	0	0	2	1
		14	0	0	1	0	0	0	0	0	0	1	0.5	0
		15	0	1	0	0	0	0	1	0	0	0	1	0
	MLE001	16	1	1	0	0	1	0	0	1	0	1	3.16	1
	JXL006		1	0	1	0	0	0	0	1	0	1	2.83	1
		1	0	0	1	0	0	0	1	1	0	1	2	1
		2	0	0	0	0	0	1	0	0	0	1	1.5	1
		3	0	1	0	0	0	1	0	0	1	1	2	0
		4	0	0	0	0	1	0	0	1	0	0	1	0
		5	0	0	0	1	0	0	0	1	0	0	1.5	0
		6	0	0	0	0	0	0	1	0	1	0	0.5	1
		7	0	0	0	1	0	1	0	0	0	0	0.5	0
	FPM009	8	1	0	1	0	0	1	0	1	0	0	0.72	1
		9	0	0	0	1	0	0	0	0	1	1	1	1
BR0774		10	0	0	0	1	0	0	1	1	0	1	1.5	0
		11	0	1	0	0	0	0	0	1	0	0	1.5	1
		12	0	0	0	0	0	0	0	1	0	0	2	0
		13	0	0	0	1	1	0	0	0	0	0	2	1
		14	0	0	1	0	0	0	0	0	0	1	0.5	0
		15	0	0	0	0	0	0	1	0	0	0	1	0
		16	0	1	0	0	1	0	0	1	0	1	0.5	1
	GEO008		1	0	0	1	0	0	1	1	0	0	0.36	0
	HTT015		1	0	0	0	0	0	0	0	0	0	0.89	0
	SIJ005		1	0	1	0	0	0	1	0	1	1	1.83	1
	HBL004		1	0	0	0	0	0	0	0	0	0	0.46	0

在建立数据格式的时候，企业须使交易数据库中的已购买产品与通过正交设计产生的产品轮廓一一对照。若已购买产品的属性刚好符合其中一个产品轮

廓，则取代该轮廓并将购买行为设定为$Y=1$。例如，客户CT3626购买的床头音响（型号为ABC002）的属性恰好与轮廓1相同，因此可取代轮廓1，并将价格比修改为实际数值1.58，令购买行为$Y=1$。反之，如果已购买产品的属性不符合任何一个产品轮廓，就应将其排在相应客户所在区域的最后一行，增补进考虑集合，如客户CT3626购买的吹风机（型号为JXL006）。最后，将其余缺乏购买记录的产品轮廓设定为$Y=0$，数据格式就建立完成了。接下来就是选择适当的统计模型进行数据分析。

6.5.3 二元罗吉斯回归

用交易数据库进行联合分析会面临的第三个难题是，数据格式中的反应变量是二元变量，并不适用于线性回归模型。在汽车的例子中，反应变量为"产品评分"，是一个定量变量，因此适合使用线性回归模型进行分析。在交易数据库中，反应变量则是"购买与否"，属于二元变量，观察值只为0或1，没有"量"的概念，因此不适合以最小平方方法进行参数估计。

当反应变量是二元变量时，通常采用二元罗吉斯回归模型（Binary Logistic Regression Model）进行分析。以产品购买与否为例，令$Y=1$代表已购买，$Y=0$代表未购买，在二元罗吉斯回归模型的假设之下，产品属于$Y=1$或$Y=0$的概率分别如下：

$$\Pr(Y=1)=\frac{\exp(\alpha+\beta_1 X_1+...+\beta_K X_K)}{1+\exp(\alpha+\beta_1 X_1+...+\beta_K X_K)} \tag{6-17}$$

$$\Pr(Y=0)=1-\Pr(Y=1)=\frac{1}{1+\exp(\alpha+\beta_1 X_1+...+\beta_K X_K)} \tag{6-18}$$

式中，分子和分母都为指数函数（Exponential Function），分母为1加指数函数，因此值必然是正值；分子都小于分母，因此分式计算结果必然属于$(0,1)$，这也符合概率的性质。指数函数中的线性回归方程式（$\alpha+\beta_1 X_1+\beta_2 X_2+\cdots+\beta_K X_K$）虽然与式（6-9）相似，但是此处的回归系数（$\beta_k$）却有另外一种意义。

为便于解读回归系数的意义，现定义胜算（Odds，Ω）为$Y=1$的概率除以$Y=0$的概率的比值，即用式（6-17）除以式（6-18），结果如下：

$$\Omega=\frac{\Pr(Y=1)}{\Pr(Y=0)}=\exp(\alpha+\beta_1 X_1+\cdots+\beta_K X_K) \tag{6-19}$$

两边各取自然对数，可以得到：

$$\ln\Omega=\ln\left(\frac{\Pr(Y=1)}{\Pr(Y=0)}\right)=\alpha+\beta_1 X_1+\cdots+\beta_K X_K \tag{6-20}$$

式中，等号左边将胜算取自然对数（Log of the Odds），又称罗吉特转换

（Logit Transformation），简称罗吉特（Logit）。

回归系数（β_k）代表在其他条件不变的情况下，解释变量（X_k）对于胜算对数（$\ln\Omega$）的影响。胜算对数越大，则胜算越大，$Y=1$的概率越高。因此，回归系数（β_k）为正值、负值或0，分别代表解释变量（X_k）的增大将导致$Y=1$的概率随之提高、降低或不变。例如，如果价格的回归系数为负值，就代表随着产品价格的上涨，产品的购买概率变低。

胜算对数（$\ln\Omega$）与解释变量（X）之间的线性关系代表Y与X之间为非线性关系，因此企业不适合使用最小平方法进行参数估计。因此，二元罗吉斯回归采用最大似然法（Maximum Likelihood Estimation），在样本数据（$y_1, y_2, \cdots, y_n$）的联合概率（又称似然函数）最大化的条件下，求解回归系数的估计值。

现以3C卖场的交易数据库为例，说明如何使用SPSS的二元罗吉斯回归功能进行参数估计。假设两位客户（CT3626与BR0774）同属于一个细分市场，使用SPSS对其交易数据进行二元罗吉斯回归的步骤如图6-17所示。首先，单击"Analyze" → "Regression" → "Binary Logistic"。然后，设定购买与否为反应变量，共同属性为解释变量。

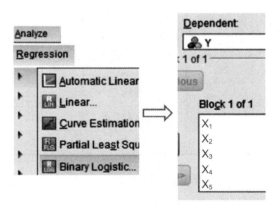

图6-17　使用SPSS进行二元罗吉斯回归的步骤

二元罗吉斯回归的参数估计与检验结果如表6-14所示。由最后一列的p值可知，所有回归系数检验都不显著，这说明这些属性水平都无法用来解释产品是否会被购买。这样的结果并不让人意外，因为纳入分析的样本数据仅有37笔，而"未购买"的数据就占了29笔。换句话说，不管产品有何特色，只要设定预测值为"未购买"，正确率就高达约78%（29÷37）。因此，当反应变量为二元变量时，统计分析需要使用更多的样本数据，且$Y=1$与$Y=0$的样本比例不宜相差太大，这样企业才能获得更稳定、更显著的回归系数估计值。

撇开检验的显著性不谈，回归系数的估计结果也颇不合理，如价位比的回归系数为正值（$\beta_{10}=0.575$），显然违反需求准则。在其他条件不变之下，产品的价格越高，产品的购买概率应当越低，因此价格的回归系数理应为负值，而非正值。不合理的参数估计结果可能源于数据量的不足，因为估计值只能呈现某种偶然的行为，无法真切地呈现消费者的购买形态。其他回归系数的估计值则显示消费者偏好是B国制造、C国品牌、弱功能、旧款外观样式、市场口碑佳的3C产品。

表6-14 二元罗吉斯回归之分析结果

属性水平		β估计	标准差	p值
A国制造	X_1	-1.122	1.512	0.458
B国制造	X_2	0.971	1.213	0.423
C国制造	X_3	-0.917	1.559	0.557
A国品牌	X_4	-0.594	1.596	0.710
B国品牌	X_5	-0.967	1.669	0.562
C国品牌	X_6	0.968	1.335	0.468
强功能	X_7	-0.171	1.106	0.877
中功能	X_8	-1.281	1.568	0.414
新款外观样式	X_9	-0.746	1.085	0.492
价位比	X_{10}	0.575	0.785	0.464
市场口碑佳	X_{11}	0.645	1.105	0.559
截距项	Cons	-1.687	1.280	0.188

由上述例子可知，交易数据的稀少性，除了造成参数估计结果的高度不稳定，还可能使估计值不合理。而且，不存在于交易记录的购买行为可能只是尚未被观察到，而不是未来一定不会发生。因此，仅仅依赖已实现的个人购买行为去估计个人偏好结构是不够的。为了兼顾参数估计结果的稳定性与准确性，企业可根据不同的行为假设发展出关注不同分析层次的统计模型。

6.6 三种层次模型

6.6.1 总体层次模型

为了获得稳定的参数估计结果，传统营销模型的发展多局限在总体层次。

常见的做法是先进行事前分群，也就是先使用细分变量将市场切割成若干子市场，再分别使用子样本的数据进行统计分析，获得各细分市场的参数估计结果。此种做法虽然有利于获得稳定性高的估计值，却必须假设同一细分市场的消费者有相似的偏好结构。

例如，某3C企业决定以年龄层作为细分变量，从交易数据库中筛选出某一年龄层的会员的交易记录。然后，使用6.5.2节的方法找到每笔交易记录对应的考虑集合，再将所有数据堆栈起来，全部代入一个回归模型，以产生总体层次的参数估计结果。假设二元罗吉斯回归模型的参数估计结果如表6-15所示。其中，价位比的系数为负值（$\beta_{10}=-0.867$），符合需求准则，是合理的估计结果。其余回归系数检验的结果显示，该年龄层的会员显著偏好A国品牌与C国品牌，以及强功能、新款外观样式、市场口碑佳的产品。

表6-15　某一年龄层的会员的偏好结构：总体层次

属性水平		β估计	标准差	p值
A国制造	X_1	-1.214	0.297	<0.01***
B国制造	X_2	-1.116	0.286	<0.01***
C国制造	X_3	-1.325	0.295	<0.01***
A国品牌	X_4	0.782	0.204	<0.01***
B国品牌	X_5	0.173	0.753	0.818 2
C国品牌	X_6	0.907	0.211	<0.01***
强功能	X_7	0.267	0.103	<0.01***
中功能	X_8	-0.033	0.107	0.759 6
新款外观样式	X_9	0.314	0.106	<0.01***
价位比	X_{10}	-0.867	0.116	<0.01***
市场口碑佳	X_{11}	0.899	0.085	<0.01***
截距项	Cons	-1.481	0.265	<0.01

***：$p<0.01$，**：$p<0.05$，*：$p<0.2$。

在总体层次模型的假设下，该估计结果适用于同一年龄层的所有会员，有助于预测特定产品的购买概率。以编号为20020532的会员为例，假设他会考虑的产品共有12种，而每种产品都已依其属性水平编码为虚拟变量，与表6-12类似。根据式（6-17），将每种产品的属性水平数据乘以回归系数，就能计算出这位会员对于这12种产品的购买概率。将这些产品的购买概率由高到低排序之后，产品推荐系统就能得出推荐产品的顺序，如表6-16所示。系统首先会向这位会员推荐预测概率值约为0.258的产品（推荐1），但交易记录显示这件产品并未被这位会员购买；其次再推荐预测概率值约为0.135的产品（推荐2），但结果显示这位会员仍然没有购买；最后推荐第3顺位的产品时，这位会员有了购买记录。换句话说，系统根据表6-16的预测概率值推荐产品，一直要推荐到第3顺位的产品（推荐3），才使这位会员有了购买行为。

表6-16 产品推荐顺序：以编号为20020532的会员为例

产品推荐顺序	购买决策	预测概率值
推荐 1	0	0.258 036 309
推荐 2	0	0.134 739 189
推荐 3	1	0.125 879 845
推荐 4	0	0.094 438 189
推荐 5	0	0.090 851 677
推荐 6	0	0.089 353 042
推荐 7	0	0.078 716 139
推荐 8	0	0.077 436 354
推荐 9	0	0.064 277 459
推荐 10	0	0.059 356 644
推荐 11	0	0.050 647 515
推荐 12	0	0.010 566 123

假设有3位会员都与前面提到的会员（编号为20020532）属同一个年龄层，系统按完全相同的顺序向这些会员推荐产品，命中情况如表6-17所示。第一位会员被推荐第1种产品时就购买了，而第二位会员被推荐第2种产品时才购买，被推荐第7种产品时也购买了，但是第三位会员直到被推荐第10种产品时都没有购买。这些都是可能发生的情况，因为系统不可能完全命中每一个人的购买行为。

表6-17 产品推荐命中情况

会员编号	推荐1	推荐2	推荐3	推荐4	推荐5	推荐6	推荐7	推荐8	推荐9	推荐10
22247535	1	1	1	1	1	1	1	1	1	1
22267119	0	1	1	1	1	1	2	2	2	2
22216918	0	0	0	0	0	0	0	0	0	0

换个角度来看，假设3C企业选取某年龄层的会员作为样本，样本人数共754人。在建立总体层次模型之后，系统同样对所有会员提供相同推荐顺序的10种产品，命中率如表6-18所示。由表6-18可知，在只推荐第1种产品（推荐1）的情形下，已有121人买过这件产品，命中率约为16%（121÷754）；推荐第2种产品的时候，命中率累积到32%。如果总共推荐4种产品，那么命中率就能高达52%，已经超过一半了。亚马逊曾经使用"买了这本书的人，也会买下列这些书"的产品推荐系统。该系统通常会向顾客推荐4本书。如果亚马逊能够使用此处提出的统计模型，筛选出最值得推荐的4本书，就能够达到超过50%的命中率，这是很惊人的。

表6-18 推荐产品命中率：基于总体层次模型

项目	推荐1	推荐2	推荐3	推荐4	推荐5	推荐6	推荐7	推荐8	推荐9	推荐10
命中人数	121	245	315	391	443	477	530	572	602	624
全部人数	754	754	754	754	754	754	754	754	754	754
命中率	16%	32%	42%	52%	59%	63%	70%	76%	80%	83%

企业根据合适的营销理论，选取具有影响力的属性水平，建立贴近个别顾客购买形态的统计模型，有助于提升产品推荐系统的命中率。总体层次模型假设同一子市场内的顾客有相同的偏好结构。然而，使用人口统计变量切割出来的子市场中的顾客却不一定具有相同的购买行为。如果能根据偏好结构，建立群内同质、群间异质的细分市场，那么估计结果就能更贴近每位顾客的购买形态，产品推荐系统的命中率也能得到提升。

6.6.2 细分层次模型

有别于总体层次模型只用一个回归方程进行分析，企业要使用细分层次模型，就要先决定群数（m），再用m个回归方程进行分析，呈现各具特色的细分偏好结构。细分层次模型的真正意图是按照客户的偏好结构进行分群，却因为个人数据的稀少性而难以在事前获得个人偏好结构的估计值。有限混合模型（Finite Mixture Model）使用模糊分群（Fuzzy Cluster）的做法解决此问题，模糊分群既能辨认个别客户的异质性，又能聚集客户数据以增强估计结果的稳定性。

有限混合模型根据客户的购买记录，同时产生偏好结构各异的几个细分市场，以及客户属于不同细分市场的概率值；再通过加权平均，就能计算出客户的偏好结构，系统将据此进行因人而异的产品推荐。然而，面对缺乏购买记录的新客户，系统就无法进行产品推荐。一个可行的做法是，利用旧客户的偏好结构去预估新客户的偏好结构，但是要先找到旧客户与新客户之间的联系。

首先根据旧客户的资料，建立不同细分市场的概率（w_s）与人口统计变量之间的关系。其中，作为反应变量的3个细分市场的概率并非彼此独立，而是存在$w_1+w_2+w_3=1$的关系，因此不适合使用普通的回归模型。此处使用似无相关估计（Seemingly Unrelated Regression，SUR）模型处理彼此相关的反应变量，解释变量则设定为人口统计变量。

将新客户的人口统计数据代入3个回归方程，就能计算新客户属于这3个细分市场的概率。然后，根据不同细分市场的偏好结构，就可以预测新客户的偏好结构。显然，通过该方法对新客户进行产品推荐的命中率一定不会太高，因为人口统计变量与产品偏好结构之间的关系并不是那么紧密，通常缺乏营销理论的支持。因此，如果时间允许，最好在新客户产生一些交易记录之后，再使用统计模型进行产品推荐。

6.6.3　个人层次模型与产品推荐系统

总体层次模型假设全部顾客拥有相同的偏好结构，细分层次模型则假设同一细分市场的顾客有相同的偏好结构，这都是为了提高估计结果的稳定性，但也都或多或少地忽略了顾客存在异质性的事实，使估计结果的稳定性与精准性成为两难的选择。为了解决该问题，层级贝氏模型假设参数是随机变量，服从特定概率分布；再根据贝氏理论将个人层次数据与总体层次数据整合在同一个模型中，进而进行具有高稳定性的个性化参数估计。

总的来说，产品推荐系统将新老顾客与新旧产品分成4种情景，如表6-19所示。其中，老顾客是指已有几笔购买记录存在于交易数据库中的会员，新顾客则是指刚成为会员而缺乏购买记录的人；旧产品是指已经上市且有销售记录存在于交易数据库中的产品，新产品则是尚未上市或刚上市而缺乏销售记录的产品。向老顾客推荐旧产品相对比较容易，因为数据都是现成的。例如，购物篮分析（见第5章）使用现成的交易记录，通过相关系数分析或因素分析计算产品间的关联程度，作为产品推荐的依据。但除此之外，购物篮分析并不适用于其他情景。

表6-19　产品推荐情景

项目	老顾客	新顾客
旧产品	购物篮分析、联合分析	（1）细分层次模型： 以人口统计变量预测细分市场的概率 （2）个人层次模型： 以人口统计变量预测个人偏好结构
新产品	联合分析	

　　相较之下，联合分析不管在哪种情景下都能够进行产品推荐，可以说是较理想的解决方案。但是在进行联合分析之前，企业必须先对自己经营的产品进行系统的了解，以便能够定义出所有产品都具备的属性（如"外观样式"），并为每个属性定义适当个数的水平（如"新款"与"旧款"）。在定义属性水平之后，无论旧产品还是新产品，都能够被编码成虚拟变量。联合分析将产品编码数据与个人购买记录合并之后，通过二元罗吉斯回归模型估计个人的偏好结构。因此，无论是向老顾客推荐旧产品还是新产品，通过联合分析产生的个性化偏好结构估计值，都可作为产品推荐的依据。

　　对新顾客进行产品推荐的最大难题就是，缺乏足够的个人交易数据去估计新顾客的偏好结构。一些可行的做法是：先找到新老顾客的共性，如成为会员时填写的人口统计数据；使用统计模型（如细分层次模型或个人层次模型）将老顾客的人口统计数据与偏好结构连接起来；根据前一步骤产生的关联结构，使用新顾客的人口统计数据来预测其偏好结构，作为产品推荐的依据。无论是旧产品还是新产品，企业都可以遵循这3个步骤对新顾客进行产品推荐。所以，使用联合分析作为推荐机制，不仅能够将新产品推荐给目标客群，还能够根据顾客的偏好结构进行一对一营销。

课后习题

1. 两种产品推荐系统分别指什么？
2. 为什么要进行联合分析？
3. 正交设计的目的是什么？
4. 为什么要进行二元罗吉斯回归分析？

实操练习

　　【实操目的】对本章所学知识逐一进行实操练习，真正做到理论联系实际。

　　实操1：基于5种汽车属性做正交设计，再填写调查问卷并估计个性化偏好结构，计算个人对某产品的偏好分数。

实操2：基于顾客购买3C产品的6种通用属性做正交设计，再整合产品轮廓与购买记录。

实操3：对实操2的数据做二元罗吉斯回归分析并对结果进行解读。

如何实现实操3

第7章 基于CHAID的顾客分群锁定与画像

前面两章以产品为主角，如基于购物篮分析探讨产品之间的关联性，基于新产品推荐系统探讨顾客对于不同属性水平的偏好结构。本章则以顾客为主，根据需求的异质性来建立细分市场。市场上存在各式各样的需求，企业在资源有限的条件下，只能按照自身的目标与能力，针对特定消费群体，提供符合其需要或能刺激其购买欲望的产品。而在锁定目标客群之前，企业必须先将市场区分成需求各异的群体，也就是进行市场细分。

消费者行为理论提出的市场细分变量大致分为4类，包括人口统计变量、地理变量、心理变量与行为变量。这些市场细分变量不是都存在于交易数据库里或顾客数据库里。因此，除了从营销数据库中获取数据之外，企业开展问卷调查、店员进行口头询问等也是搜集数据的方法。然而，由于问卷调查的数据无法随时更新，店员进行口头询问也有一定的难度，营销人员最好可以根据既有的营销数据库中的数据去推测顾客行为，尝试找到或者主观地创造指标作为市场细分变量。

本章探讨顾客分群锁定与画像，分群是为了建立具有营销意义的细分市场，从而找到目标市场，即锁定目标顾客并对其进行画像，从而找到新顾客所属的细分市场。因为新顾客缺乏足够的交易记录，企业难以为其量身制定营销策略，所以预判新顾客属于哪个细分市场显得更为重要。本章最后通过决策树进行分析，结合多种细分市场的交集找到既有获利性又有明确特性的目标客群，即构建顾客画像，并将其作为制定营销策略的依据。

学习目标

【知识目标】

1. 理解两种市场细分方法。
2. 理解并掌握两种集群分析方法。
3. 掌握卡方检验和F检验的相关内容。
4. 掌握基于CHAID的顾客画像方法。

【素养目标】

1. 培养基于CHAID的顾客画像营销观念。
2. 基于CHAID建立营销理论与统计模型相结合的思维框架。

引例

大数据营销助力金属焊接企业精准锁定目标客户实例

金属焊接是制造业中的一项关键工艺，广州亨龙公司作为一家金属焊接企业，经过近30年的不懈追求，用智慧与执着走出了一条创新发展之路。该公司注重自主研发、持续创新、节能环保，拥有雄厚的人才储备、现代化的工厂和完整的制造体系。该公司运用先进的金属焊接工艺，为汽车整车制造业、家电制造业等众多行业的客户提供大量智能化、自动化解决方案，其产品日益成为行业经典，其也成为中国电阻焊领域唯一持续出口的全球性品牌。

笔者近年来为该公司做诊断时发现，面对分布在多个行业的客户，该公司需要对客户进行科学细分，并准确地选取重点行业及客户，以充分发挥其技术创新领先优势，提升竞争力和增加利润。首先，通过对该公司在不同行业的所有客户的基本信息及客户订单信息的整理和分析，笔者从客户价值的角度出发，对客户进行科学分类，帮助该公司准确识别忠诚客户群、金牛客户群、常购客户群和游离客户群。其中，忠诚客户群集中于汽车整车、汽车零部件、家电、压缩机等8个行业。然后，笔者进一步使用决策树对客户进行画像，得出汽车整车、汽车零部件、家电、压缩机等4个行业的客户价值显著高于五金、低电压、电机等其他行业的结论。接着，笔者进一步验证这4个重点行业，帮助该公司对客户进行细分并锁定最有价值的客户。最后，笔者通过对客户的精准画像为客户关系管理以及市场开发提供重要依据，为营销战略制定提供科学依据，这得到该公司董事长和副总经理等的一致认可。

案例思考

1. 你觉得公司日常积累客户信息重要吗？为什么？

2. 技术领先的企业在分清不同客户的类型后，对定价策略是否也应做相应的调整？为什么？

7.1　物以类聚和人以群分

7.1.1　物以类聚

第5章曾经提到，两个产品被同时购买的频率越高，那么二者的关联性越强，越适合放入一个购物篮，成为彼此推荐的对象。无论是数据挖掘还是统计分析，计算产品关联性的步骤是相似的。首先，企业应决定以产品树的哪个层次去定义产品变量。例如，如果超市想知道冷冻食品层次下的冷冻甜食、冷冻蔬果、冷冻餐食等品项的关联性，就应该将每个品项定义成产品变量。界定产品树层次是为了精简产品变量的个数，避免纳入过多产品变量而造成计算复杂，从而提高计算效率。

其次，企业应根据定好的产品树层次，找到相关的消费者行为作为市场细分变量。理论上，来自相同细分市场的消费者有相似的购买行为，交易记录比较容易呈现明确而具体的产品关联性。例如，对于啤酒与尿布的产品组合，其交易记录主要来自年轻父亲。如果不做市场细分，各种消费者的交易记录将会混在一起，啤酒与尿布的关联性势必无法突显出来。因此，市场细分的理论基础与科学方法都是本章的重点内容。

最后，将属于同一细分市场的消费者的产品购买记录整理成数据格式，计算产品间的关联性。因素分析与购物篮分析相似，通过建立相关系数矩阵，使多个产品变量（如 $X_1,X_2,\cdots,X_7$ ）可以被缩减为少数几个购物篮因素（如 F_1,F_2,F_3,F_4 ），如图7-1所示；每位消费者在特定因素上的分数，显示出其对该因素所代表的购物篮的购买意愿。因此，对特定消费者（ i ）而言，分数最高的因素就是其最愿意购买的购物篮，同一个购物篮里的品项也适合进行相互推荐。

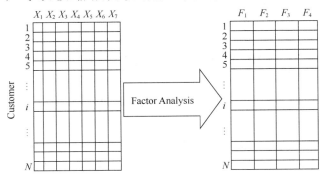

图7-1　物以类聚：因素分析

7.1.2 人以群分

有别于因素分析，集群分析（Cluster Analysis）是根据多位顾客在行为变量（如 $X_1, X_2, \cdots, X_7$）上的表现，衡量顾客间的相似度之后，据此整合出少数几个群别（如 G_1, G_2, G_3, G_4），如图7-2所示。被归为同一群的顾客在行为变量上有相似的表现，而群与群之间则有非常大的差异。将集群分析的结果转换成营销语言，就是在做市场细分。市场细分（Market Segmentation）是指将整体市场区分成若干习惯和特性相同或需要相似的较小市场或顾客群体的过程。

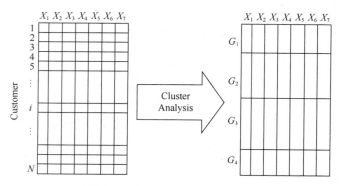

图7-2　人以群分：集群分析

进行市场细分的好处是可以降低顾客的异质性，有利于营销策略的制定。面对复杂多变的需求，研究人员也许有能力了解并辨认顾客的异质性的变化形态，但是对于管理人员来说，这是难以理解且不易沟通的。关于营销策略的沟通可能随时发生，沟通双方只有能够立即了解对方的想法，才能共同对营销策略做出评估。因此，鲜明而具体地描述每个细分市场的特色，更有利于对营销策略进行沟通。而且，企业在竞争压力与资源有限的环境下，可以选择的营销策略并不多，市场细分可协助企业找出哪些市场对于可选的营销策略有最大的正面反应。在进行市场细分的时候，企业必须做出几个决定，包括市场应该分成几个、应该使用哪些市场细分变量，以及该使用哪种集群分析方法。

7.2 决定细分市场的个数

整体市场应该分为几个细分市场（或群），取决于企业对两种营销成本的权衡，如图7-3所示，横轴代表群数，纵轴代表营销成本。假设市场上共有 N 位顾客，群数最多可设定为 N 群（即每个人自成一群），最少可设定为1群（即所有人都归入同一个群）。营销成本包括营销计划的成本与信息精确的风险，这两种成本随着群数的不同有不同的表现。

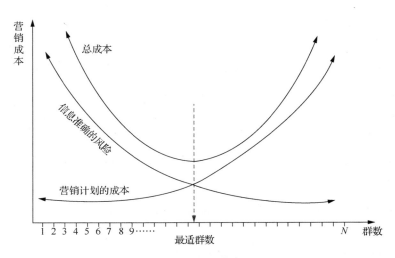

图 7-3 最佳群数的决定

7.2.1 两种营销成本

营销计划的成本，是指针对每个细分市场分别设计专属营销计划的成本。如果将所有顾客视为一个细分市场，不管是产品或服务都只需要设计一个营销计划；如果将顾客分为两群，就只需制订两个营销计划，营销计划成本都相对较低。不过，当细分市场数目越来越多的时候，营销计划开始实现定制化，因此企业必须推出大量定制化的产品与服务，营销计划成本越来越高。因此，营销计划的成本会随着细分市场数目的增加而增加。

信息精确的风险，是指营销信息不够精确而造成营销策略无效的风险。顾客因为具有不同的出生背景、人格特质、生活经验，所以具有需求的异质性。因此，如果将所有顾客都看成同样的一群人，营销信息就只能根据全体平均值而设定，企业也只会提供一套营销策略。这样势必无法满足市场上各式各样的需求，甚至可能会让所有顾客都不满意而离去，从而造成很大的损失。反之，如果将每一个人都看成一群人，则营销信息就会试图提供因人而异的估计值，降低预测失准的风险，企业就会为每个顾客提供贴心的产品或服务。换句话说，信息精确的风险会随着细分市场数目的增加而降低。因此，将两种营销成本相加得到的总成本，会随着细分市场数目的增加呈现先递减再递增的趋势，而总成本最低时的群数就是最适当的细分市场数目。

7.2.2 最佳群数的变化趋势

信息科技的进步与顾客的个人意识的增强，会对两种营销成本的走势产生影响。一方面，随着科技的进步与网络的发达，企业提供定制化的产品、服务或信息已经不是难事。在大数据时代下，企业能够轻易地存储大量的交易数据；通过采用适当的统计方法，就能获得具有高可信度的个人偏好结构估计值。企业在推出新产品或新的服务时，可以根据营销活动的特色，向有较强购买意愿的顾客进行推荐。另外，像连锁式营销的观念所述，通过网络平台，多家企业聚集形成一个网络，提供各式各样的产品，让需求各异的顾客可以尽情选择。因此，面对多个细分市场执行多套营销策略，甚至进行一对一营销的成本，已经不像以前那么高。随着时间的推移，营销计划的成本有减少的趋势。

　　另一方面，顾客的个人意识也因为快速的信息流通而逐渐增强。在过去，即使企业提供的产品与服务不尽如人意，顾客通常也会选择默默承受，较少向企业争取自己应有的权益。而在网络蓬勃发展的现在，彼此陌生的顾客纷纷集结在社交媒体上，并发布产品开箱文、信息文、询问文、心得文等。顾客只要对产品或服务感到不满意，就会上网发表自己的意见，因此顾客对产品或服务的负面口碑也就一传十、十传百，这给企业造成了极大的损失。因此，只要企业无法准确地掌握顾客的需求，营销策略的执行风险就会提高。所以随着时间的推移，信息精确的风险有整体升高的趋势。

　　结合这两种营销成本的变化趋势，企业可以得知最佳群数也会随时间的推移而递增，一对一营销是未来的趋势。不过，对于不同行业或不同企业，营销计划的成本与信息精确的风险的变化趋势可能不完全相同。关键在于企业的商业模式是完全定制化的、一对一的，还是标准化的。因此，最佳群数是多少没有标准答案，具体取决于企业对于两种营销成本的看法，以及它们如何随细分市场的个数的变化而变化。

7.3　市场细分

　　市场细分、目标市场选择与产品定位是制定营销战略的三部曲。首先，市场细分是指将顾客群体区分成几个子群体，使同一群的顾客有相似的需求，这有利于企业制定有效的营销策略。其次，评估每一个细分市场的获利能力，选出最有利可图者作为目标市场。最后，搜集目标市场对于不同品牌的看法与认知，以此作为产品定位的依据。其中的关键点在于，只有选取有效的市场细分变量，才能产生有效的细分市场。

7.3.1　事前细分法

　　传统上，企业经常采用事前细分法（见图2-2），即使用一些具有分类意义的变量，将全体顾客切割成几个子群体，从而实现市场细分。例如，许多营销学类的书籍将人口统计变量视作最常见的市场细分变量，进行人口统计细分，如根据"性别"定义男性市场与女性市场，或者根据"年龄"定义少年、中年、老年等市场。事实上，人口统计细分并不符合市场细分的定义，也就是说，进行人口统计细分后，同一细分市场内的顾客不具有相似的需求或行为。例如，假设所有女性都基于相同的理由而使用香水，或者喜欢相同味道的香水，显然极不合理。因此，从制定营销策略的角度来看，人口统计细分所提供的营销信息其实并不精确。

一直以来，许多企业都误以为市场切割就是市场细分，因为它们只着眼于获得市场细分结果，忽略了市场细分的目的。即使营销理论早已告诉企业应该根据顾客的行为特征进行市场细分，但因为大量问卷调查数据的搜集与分析都较难完成，企业过去只能转而使用容易衡量又能直接分群的人口统计变量进行市场切割。因此，人口统计细分在营销理论发展的早期是无可厚非的，但时至今日，人口统计变量与产品消费行为之间缺乏理论上的关联性，唯有以顾客行为变量为依据进行市场细分，才有助于企业制定有效的营销策略。

7.3.2　事后细分法

事后细分法则是在使用大量变量去衡量每位顾客的特征之后，再将相似的顾客集成一群的方法，这样做更符合市场细分的目的（见图2-3）。常见的做法是在问卷中，设计大量有关追求利益、属性偏好、使用频率等的题，搜集顾客对于特定产品的认知、态度与行为等数据，进而衡量顾客的异质性。

从本质上讲，每位顾客自成一群。但是，如同7.2节所述，为了降低营销计划的成本，企业有必要将相对相似的顾客集成一群。只是随着群数的减少，群内的异质性也会逐渐提高，信息精确的风险也会随之升高。因此，在锁定某一群人作为目标市场的时候，企业千万不能以偏概全地认为"群内的每个人都是一样的"。尽管如此，根据顾客的异质性进行的由下而上（Bottom-Up）式的集群，相对于根据人口统计变量由上而下（Top-Down）式地切割市场而形成的群别，能够提供更精确的营销信息，更有助于营销策略的制定。

7.3.3　行为细分变量

顾客的异质性是建立细分市场的基础。营销人员是否能对整体市场有深入的洞察与理解，准确嗅到商机，往往取决于起初选取哪些变量去辨认每位顾客的特征。为了找到有相似需求或行为的一群人，顾客行为的各个层面都要适合作为市场细分变量，并有其独特的营销意义。

1. 追求利益

追求利益（Benefit），是指顾客购买或使用产品是为了增加哪些利益或得到哪些好处，以及这些利益是生理上的还是心理上的，是为自己追求的还是为别人追求的等。马斯洛需求层次理论提出5种基本需求，包括生理需求、安全需求、社交需求、自尊需求、自我实现需求等。例如，身材塑造类产品应该针对不同利益设计不同的广告：针对过于肥胖的人设计强调减肥有利于健康的广告，针对爱美的人设计强调好身材使人更显美丽的广告。因此，以顾客追求的不同利益来细分市场，对于企业的营销策略规划有极高的参考价值。

2. 家庭生命周期阶段与生活形态

家庭生命周期阶段是指随着时间的推移，家庭会经历的一系列不同的阶段。从单身，到结婚，再到有孩子等，顾客在每个阶段的生活形态都不一样，对于产品的需求也不尽相同。例如，讲求外形或注重安全性的汽车、不同形式或不同大小的房屋、不同容量的冰箱，都是为了响应处于不同家庭生命周期阶段、具有不同生活形态的顾客的需求。

3. 产品使用情境

顾客的产品使用情境大致分为自用或与他人分享两类。根据涉入理论，如果顾客购买产品只为自己使用，则涉入程度较低；反之如果为了送礼或与好友分享，那么涉入程度较高。顾客的涉入程度越高，其购买决策过程越复杂，其越倾向于主动比较产品间的差异，考虑的因素也越具体客观。反之，如果顾客的涉入程度越低，其购买决策过程越简单，其越倾向于被动地听信他人的推荐，考虑的因素越笼统主观。因此，面对高涉入程度的细分市场，营销策略应做到"晓之以理"；反之，面对低涉入程度的细分市场，营销策略应做到"动之以情"。

4. 品牌忠诚度

对品牌忠诚度的衡量包括行为与态度两个方面，即行为忠诚与情感忠诚。行为忠诚是指顾客对于品牌重复、一致的购买行为，而情感忠诚是指顾客在心理上对品牌产生承诺，认为品牌可以提供某些独特的价值。例如，某人平常只喝某个品牌的饮料，是否代表这个人的品牌忠诚度高？答案是不一定。假设这个人今天走到便利店想买常喝的品牌的饮料，却发现该品牌的饮料已售罄。他会特意再去其他便利店，直到买到该品牌的饮料，还是选择在当前的便利店买其他品牌的饮料？如果是前者，代表这个人对饮料的确有很高的品牌忠诚度；如果是后者，代表这个人平常只喝一个品牌的饮料只是一种品牌惰性（Brand Inertia），即他只是为了省去搜寻的麻烦才重复购买曾经使用过的品牌的产品，这不等同于他对该品牌忠诚。

不管是什么产品或品牌，企业一般都会通过举办促销活动来提升销售业绩。例如，试吃与打折都是常见的企业吸引顾客的促销手法，但促销成功的前提是顾客对其他品牌的品牌忠诚度不能太高。顾客对某一品牌的忠诚度越高，则该顾客转向其他品牌的可能性就会越低，企业促销策略的成效就会越差。因此，在执行促销策略之前，企业宜先衡量顾客的品牌忠诚度，再锁定品牌忠诚度低者为目标市场。

5. 其他行为细分变量

除前面提到的变量以外，还有许多行为细分变量，如价格敏感度、选购准则、信息搜集习惯和特性均具有重要的营销意义，适合作为市场细分变量。例如，对于价格敏感度低的顾客，企业其实不必提供优惠，或者只需象征性地打9.5折；反之，针对价格敏感度高的顾客，企业如果能提供8折甚至7折的优惠，往往能大幅增强这群顾客的购买意愿。选购准则是指顾客的个人偏好结构，其呈现了顾客在购买产品时比较在意哪些属性，是企业进行产品推荐时挑选目标客群的依据。信息搜集习惯和特性是指顾客习惯从哪些渠道搜集产品相关信息，包括内在搜集与外在搜集。内在搜集是指顾客根据自身的消费经验搜集，外在搜集则包括媒体接触与上网行为。企业应根据目标客群使用的信息搜集渠道，决定营销推广的平台。

7.3.4 会员数据库变量

企业在邀请顾客成为会员时，往往会搜集顾客的基本资料。乍看起来，这些静态数据与顾客行为的关联性似乎不强，但其实只要经过适当的推论，这些静态数据也可以演变成有效的市场细分变量。例如，通过问卷询问顾客的婚姻状况、孩子的年龄，进而推断顾客所处的家庭生命周期阶段。根据顾客拥有的3C产品及拥有年份，企业可以合理推断该顾客对于创新科技的接受程度。例如，拥有笔记本电脑不到1年的顾客与超过3年的顾客相比，前者可能是喜欢使用新品的创新者，而后者可能觉得产品能用就好，不着急买新品。

当然，这些推论不一定正确。如果想要深入地了解每位顾客的消费行为，企业还得通过电话访谈或其他方式与顾客直接对话，才能获得最准确的信息。然而，对每一位顾客进行访问，再将访谈结果转换成数据格式，不但所费不赀，数据也无法做到实时更新。因此，试着根据会员数据库提供的有限信息去对顾客行为做一些合理的推断，是较有效率的做法。

生活形态、购买考虑因素、媒体接触类型等行为维度的资料也可以通过开展问卷调查来搜集。选项众多是这类问卷的共同特色，如生活形态包括乘公交车出行、骑摩托车出行、开车出行、搭地铁出行等，只要是被社会大众普遍接受且可以呈现特定生活形态的内容，都可以作为相应问题的选项。值得注意的是，衡量生活形态的传统方法是使用李克特量表，也就是列举二三十种生活形态，由受访者明确其对每种生活形态的认同程度，然后再进行因素分析或集群分析。有别于此，此处采用复选题的形式，即列出关于某种生活形态的多个选项，再由受访者自由勾选符合自身情况的选项。

本质上，李克特量表与复选题都是在衡量受访者的认同程度，前者将认同程度细分成1～5分或1～7分等，后者则是将认同程度分为认同与不认同。虽然看起来使用李克特量表获得的数据比使用复选题更精确，但是前者在问卷上占的篇幅远大于后者，容易造成问卷过于冗长而降低受访者的填写意愿。复选题的每个选项都相当于一个虚拟变量，如乘公交车出行（X_1）、骑摩托车出行（X_2）、开车出行（X_3）等，观察值不是0就是1。因此，受访者的回答可转换成虚拟变量，这足以用来衡量受访者之间的相似程度以及确定市场细分的依据。

企业在设计问卷的时候，对于每一道题目及其选项都应该仔细思考其背后所具有的营销意义。仅纳入人口统计变量的问卷，对于制定营销策略的帮助可能有限。如果企业能够根据自己的经营项目与顾客的行为特性设计问卷内容，再以此构建会员数据库的架构，那么通过问卷调查搜集到的资料就能成为营销策略制定的重要参考。

每个行业有其独特的经营项目，其重视的顾客行为特性也各不相同。这里分别以信用卡、购物商场、社交媒体、购物平台等行业为例，讨论其会员数据库中有哪些变量适合用作市场细分变量。

1. 信用卡会员数据库

客户的刷卡记录通常包括刷卡时间、刷卡金额、购买品项等。其中，刷卡时间可进一步编码为周一、周二，或周末、周日等日期特性，也可编码成日间或夜间等时点特性。然后，再计算个人在不同时间的刷卡金额占总刷卡金额的比例，如表7-1所示。例如，第1位客户在周一刷卡的金额占总刷卡金额的10%，在周二刷卡的金额占总刷卡金额的8%，第2位客户的刷卡金额比例又有所不同。企业可以以不同时点的刷卡金额比例作为市场细分变量，通过使用统计方法，判断哪些人比较相似，并将他们归在同一群中。

表7-1 不同时点的刷卡金额比例

客户	周一	周二	...	周六	周日	日间	夜间
1	10%	8%		26%	20%	75%	25%
2	2%	5%		10%	18%	62%	38%
⋮	⋮	⋮	⋮	⋮	⋮	⋮	⋮
N							

2. 购物商场会员数据库

在购物商场会员数据库中，最显著的是各类店铺的消费金额，企业据此可计算出顾客在各类店铺的消费金额占总消费金额的比例，如表7-2所示。由表7-2可知，第1位顾客的消费重点是家电店铺，而第2位顾客在餐饮店铺比较肯花钱。营销人员可使用顾客在各类店铺的消费金额所占的比例作为市场细分变量，进而判断顾客之间的相似程度，再进行集群。

表7-2 不同店铺的消费金额比例

顾客	美妆	服饰	家电	餐饮	...
1	10%	8%	26%	20%	
2	2%	5%	10%	18%	
⋮	⋮	⋮	⋮	⋮	
N					

值得注意的是，通过数据库搜集得到的会员数据或交易数据，通常需要进行进一步的转换，才适合作为市场细分变量。例如，消费金额比例可能比消费金额更具有营销意义。有些数据甚至因为无法反映真实的顾客行为，不值得进行分析。例如，顾客以长期订购的方式购买杂志，每次收到产品的时间其实是由企业的送货系统所决定的，如每个月的1号，而不是出自顾客本人的意愿。因此，即使交易数据库中记录了顾客的交易日期，但因为这些数据与顾客的实际需求无关，只反映企业的送货周期，无法提供任何营销信息，所以不值得进行分析，也不适合转换为市场细分变量。

3. 社交媒体会员数据库

对于社交媒体用户，企业可以考虑使用信息响应类数据作为市场细分变量。例如，微信将用户响应消息的方式分为点赞、留言、分享和收藏等不同方式，以呈现用户不同的涉入程度。用户对内容感到认同时就会点赞，觉得有想法要表达时就会留言，真的觉得深得其心时就会分享，觉得内容值得细读和保留就会收藏。同样，当看完一篇电子文章后，有些人可能没有想法，而另外一些人可能因感到认同而点赞、留言、分享或收藏。根据每位用户的点赞次数、留言次数、分享次数和收藏次数，企业就能发现用户之间的相似程度，从而进行市场细分。

4. 购物平台会员数据库

购物平台（如天猫和京东等）有点像购物商场，需要管理大量进驻开店的会员。购物平台又该如何利用会员数据库里的数据，对会员进行市场细分？网站的点击率、顾客进入网站后的平均停留时间、商品的成交率等都适合用来描述购物平台会员的特性。有了这些数据之后，购物平台就能够进行统计分析，建立细分市场。

7.4 集群分析

事后细分法是指根据顾客在一组细分变量上的相似程度加以分群，集群分析则是常用的工具。集群分析（Cluster Analysis）是一种多变量分析方法，依据一组集群变量的样本数据，将受测者区分成少数几个群别，使同一群内具有高度同质性，不同群间具有高度异质性。其中，群别数量无法事前得知，必须根据样本数据呈现的相似结构确定。

7.4.1 相似性的衡量

在集群分析中，每个人的特征都由一组集群变量的观察值来描述，而任意两人间的相似性则以距离来衡量。例如，在图7-4中，顾客特征由两个集群变量（X_1, X_2）衡量，顾客A的观察值为（X_{A1}, X_{A2}），顾客B的观察值为（X_{B1}, X_{B2}）。从数学角度来看，A、B两人之间的距离就代表其相似性，即距离越近，代表两人的相似性越强。距离的计算公式不止一种，欧氏距离平方（Squared Euclidean Distance）最常用，如 d_{AB}^2 定义为A、B两人分别在 X_1 与 X_2 上的差异平方再相加的结果。本章提及的"距离"，指的就是欧氏距离平方。

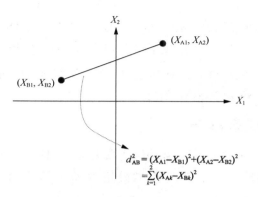

图7-4 欧氏距离平方

计算出所有人两两之间的距离，就可以进行相似性的比较。例如，A、B、C这3个人之中，A与C之间的距离最近，代表这两个人最相似，应该集成一群，如图7-5所示。

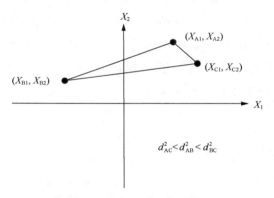

图7-5 距离的比较结果

假设集群变量共有p个，那么第i个人与第j个人的距离计算公式如下：

$$d_{ij}^2 = \sum_{k=1}^{p} \left(X_{ik} - X_{jk} \right)^2 \qquad （7-1）$$

由式（7-1）可知，距离是p个差异平方值相加的结果。也就是说，无论先前使用多少变量去衡量个人特征，最后都会汇总成一个距离值。试想，如果只使用一个集群变量（$p=1$），那么距离值的确能够真实反映两个人在这个变量上的相似性。但是随着集群变量的增加，"汇总"产生的弥补效果将会导致距离值无法反映两个人在哪些变量上有明显的差异。例如，我们使用距离公式只能计算出A、B的距离（d_{AB}^2）与B、C的距离（d_{BC}^2）差不多，却无法得知A、B两人在一组集群变量上的差异结构是否与B、C两人相同。

因此，在进行集群分析的时候，集群变量不是越多越好。企业应该先按照营销观念将集群变量分类，再逐一进行分析。例如，先选取"追求利益"变量进行集群分析，再使用"生活形态"变量进行集群分析等。千万不要一股脑地选取所有变量进行集群分析，否则可能错失许多重要的营销信息。基于距离的集群分析方法包括层级式集群法与非层级式集群法。

7.4.2　层级式集群法

层级式集群（Hierarchical Clustering）法是逐次聚合（Agglomeration）的过程。起初每一个人自成一群，然后距离最近的两群被聚合成一群；每次聚合都使群数变少，直到所有人并入一个大群为止。以图7-6为例，距离最近的A、C被集成一个新群之后，这两个人也因为被新群取代而消失。接着，A、C需要重新决定新群在图上的坐标（X_{*1}, X_{*2}），才能计算与其他群的距离，以便进行下一次的集群。新群的坐标取决于群内所有成员的观察值，如X_{*1}是（X_{A1}, X_{C1}）的函数，X_{*2}是（X_{A2}, X_{C2}）的函数。有许多决定群坐标的方法，如华德法（Wald's Method）、最近法（Nearest Neighbor Method）、最远法（Farthest Neighbor Method）、中心法（Centroid Method）等。确定新群的坐标之后，我们再重新计算群与群之间的距离，将距离最近的两群合并成一群。层级式集群法就是这样一直重复进行聚合的集群分析方法。

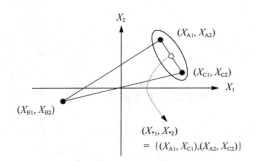

图7-6　集群后的群坐标

下面以银行服务态度调查的资料为例（见5.4.2节），说明层级式集群法的执行结果。原始数据包括15位受访者对于5个银行服务态度论述的同意程度（见表5-2）。层级式集群法根据这5个集群变量将15位顾客聚合成少数几个群别。使用SPSS进行分析的步骤如图7-7所示。在打开SPSS数据文件后，单击"Analyze"→"Classify"→"Hierarchical Cluster Analysis"，打开层级式集群法分析对话框，将5个集群变量选入"Variables"列，再分别进行4个设定。首先，单击"Statistics"→"Agglomeration schedule"，以产生聚合过程表；其次，单击"Plots"→"Dendrogram"，以产生聚合树形图；然后，单击"Method"，选择"Ward's method"，以计算群间距离；最后，单击"Save"，将集成3～5群的结果存储于数据文件中。

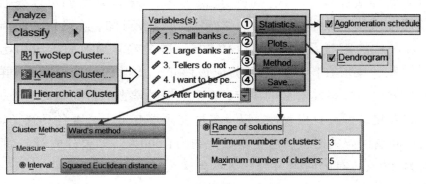

图7-7　集群分析：华德法

使用华德法得到的集群结果如图7-8所示。在图7-8中，聚合树形图与聚合过程表提供相同的信息。例如，在15个人当中，顾客1与顾客15的距离系数最小，即距离最近，因此在阶段1就率先集成一群。然后，距离最近的是顾客6与顾客10，因此在阶段2集成一群。接下来是顾客8与在阶段1集成的群（成员是顾客1、顾客15）的距离系数最小，因此1、15、8三人在阶段3时集成一群，其余聚合过程以此类推。

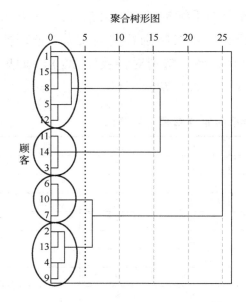

聚合过程表

阶段	合并群别		距离系数	群别出现阶段	
	群1	群2		群1	群2
1	1	15	1.000	0	0
2	6	10	2.500	0	0
3	1	8	4.167	1	0
4	11	14	6.667	0	0
5	5	12	9.167	0	0
6	2	13	13.167	0	0
7	3	11	18.000	0	4
8	4	9	23.000	0	0
9	6	7	34.167	2	0
10	2	4	57.667	6	8
11	1	5	84.100	3	5
12	2	6	149.505	10	9
13	1	3	334.696	11	7
14	1	2	623.600	13	12

图7-8　聚合过程

由聚合过程表可知，随着聚合阶段的推进，最早被合并的两群，群间的距离系数最小；越是在后面被合并的两群，群间的距离系数越大，也就越不适合集成一群。因此，当距离系数大到一定程度的时候，我们就应该停止集群，以免造成群内的异质性过高（或同质性过低）。一般来说，我们可以根据距离系数的递增速度来决定集群的停止点。由聚合过程表可知，阶段11的距离系数为84.100，阶段12的距离系数陡增为149.505，这个差异与前面阶段相比已经明显过大。因此，集群在阶段11之后就应该停止，此时的最佳群数为4群。

我们要做出有关最佳群数的决定，除了根据数学上的群间距离之外，还必须考虑各群的人数是否具有代表性，以及各群在集群变量上是否各具意义。在实务中，在进行问卷调查的时候，总样本数大约为1 000人。如果分成5群，那么各群人数大约为200人；有的时候人数分布不会这么平均，某些群别可能只有七八十人，尚具有一定的代表性。但是，如果分成10群，再加上可能会有人数分布不均的情况，就会造成某些群的样本数可能只有十几个人，甚至只有几个人，这根本不足以代表一个群体。就像7.2节所述，最佳群数是多少没有标准答案；经验准则（the Rule of Thumb）给出的答案是4±1群，也就是分成3群、4群或5群都适当。

至于群数到底设定成多少，取决于哪种设定可以使各群人数都具代表性，以及各群在集群变量上各具意义。在银行服务态度调查范例中，由于样本只有15个人，因此无法评估各群人数的代表性。各群特色是指在哪些集群变量上有明显较高或较低的群平均数。在表7-3中，15位受访者被集成4群，并按照原本的群别顺序排列。集群变量包括"小银行收取的手续费通常比大银行低"（X_1）、"大银行比小银行更容易犯错"（X_2）、"银行柜员不必特别礼貌与友善，把事情做好就可以"（X_3）、"我希望银行柜员可以认识我，特别对待我"（X_4）、"如果银行对我不友善或不在乎，我就不会再光顾"（X_5）等。

表7-3 银行服务态度调查的资料与集群结果：华德法

ID	X_1	X_2	X_3	X_4	X_5	群别
1	9	6	9	2	2	1
5	6	9	8	3	3	1
8	8	6	8	2	2	1
12	6	9	7	3	5	1
15	9	7	9	2	1	1
2	4	6	2	6	7	2
4	2	2	0	9	9	2
9	4	4	0	8	8	2
13	6	7	1	7	8	2

续表

ID	X_1	X_2	X_3	X_4	X_5	群别
3	0	0	5	0	0	3
11	1	2	6	0	0	3
14	2	1	7	1	1	3
6	3	8	5	4	7	4
7	4	5	6	3	6	4
10	2	8	4	5	7	4
群平均数	$\bar{X}_{1G}$	$\bar{X}_{2G}$	$\bar{X}_{3G}$	$\bar{X}_{4G}$	$\bar{X}_{5G}$	人数比例
第1群	7.60#	7.40#	8.20#	2.40	2.60	33%
第2群	4.00	4.75	0.75*	7.50#	8.00#	27%
第3群	1.00*	1.00*	6.00	0.33*	0.33*	20%
第4群	3.00	7.00	5.00	4.00	6.67	20%

注：# 代表最大的群平均数；* 代表最小的群平均数。

由集群变量的群平均数可知，每个群别都各具特色。第1群在X_1、X_2与X_3等集群变量上有明显较大的群平均数，这代表这群人偏好小银行、银行柜员把事情做好即可，因此可将这群人命名为"偏好小银行及任务导向型顾客"。第2群的特色是在X_4与X_5上有较大的群平均数，这代表这群人需要被重视、被友善对待，因此可将其命名为"关系导向型顾客"。第3群的特色是在X_1、X_2、X_4与X_5上的群平均数较小，这代表这群人偏好大银行，不需要银行的特别对待，因此可将其命名为"偏好大银行及隐士型顾客"。最后，第4群的特色是在X_2与X_5上有较大的平均数，代表这群人偏好小银行，也希望被银行友善对待，因此可将其命名为"偏好小银行及关系导向型顾客"。

层级式集群法虽然能够很清楚地描述每一个人的聚合过程，但是比较适用于小样本。样本人数的增加不仅会加重计算负担（因为聚合阶段大增），最后将所有人并入同一群的假设也不合理。因此，当样本人数超过一定水平时，非层级式集群法（如K平均法）比较适用。

7.4.3　非层级式集群法

非层级式集群法（Non-Hierarchical Clustering）又称快速集群法（Quick Clustering），最常见的是K平均法（K-Means Algorithm）。在集群时，先设定好群数（K），将样本任意或有所依据地分成K群，并根据群内成员的资料计算各个群中心值。然后，根据个人与K个群中心值的距离，将每个人重新分派到与之距离最近的群，并重新计算各个群中心值。在重复分群的过程中，始终维持K个群，每个人都可能离开原来的群到其他群，直到所有人都不再离开所属群为止。群数（K）的设定，可以参考层级式集群法的聚合过程，或者使用经验准则，如分成3群、4群或5群。

此处同样以银行服务态度调查的资料为例，说明K平均法在SPSS中的执行步骤，如图7-9所示。首先，单击"Analyze"→"Classify"→"K-Means Cluster"。其次，将6个集群变量选入"Variables"列，并设定群数为4群（参考使用华德法的集群结果）。然后，单击"Iterate"，可将重复分群次数增加到50次（默认是10次）。最后，在完全确定集群分析的最终结果之后，再单击"Save"→"Cluster membership"，将集群分析产生的群别变量新增在数据文件中。

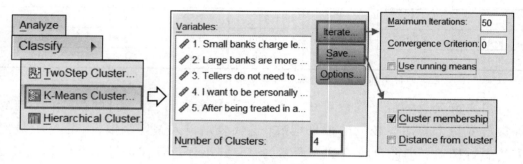

图7-9　集群分析：K平均法

K平均法的集群结果如表7-4所示。在表7-4中，群中心值（Cluster Centers）是指各群成员在集群变量上的平均数，类似群平均数。由表7-4可知，K平均法的集群结果与华德法（见表7-3）非常相似，差别是第2群与第4群的特色彼此互换。

表7-4　银行服务态度调查的集群结果：K平均法

集群变量	群中心值			
	第1群	第2群	第3群	第4群
X_1	7.60#	3.80	1.00*	3.00
X_2	7.40#	6.80	1.00*	3.00
X_3	8.20#	3.60	6.00	0.00*
X_4	2.40	5.00	0.33*	8.50#
X_5	2.60	7.00	0.33*	8.50#
人数	5	5	3	2
比例	33%	33%	20%	13%
命名	偏好小银行及任务导向型顾客	偏好小银行及关系导向型顾客	偏好大银行及隐士型顾客	关系导向型顾客

注：# 代表最大的群中心值；* 代表最小的群中心值。

在大样本的情况下，K平均法的运算效率远高于层级式集群法。举例来说，当样本数为1 000人时，层级式集群法的聚合过程就需要经历999（1 000–1）

个阶段，且一开始就必须计算499 500（C_{1000}^2=1 000×999÷2）个距离值，才能决定哪两个人要集成一群。虽然随着阶段的推进，需要计算的距离值个数从499 500个骤减为新群与其余群的距离值个数，即998个、997个……，但总的相加集群次数仍旧非常大。相比之下，K平均法只要进行十几次的重复分群，就可以得到稳定的分群结果。而每一次的分群也只需要计算1 000人到K个群中心值的距离，即只需要计算（1 000×K）个距离值，远少于层级式集群法。因此，在大样本的情况下使用K平均法，并设定K=4±1，再根据3种集群结果决定最佳群数，往往是最适当的做法。

7.4.4　数据库的集群分析

如第3.4节所述，客户的动态交易数据文件记录了每笔交易的数据，如购买时点、购买金额、购买品项等。经过适当的转换，这些数据都能成为理想的市场细分变量。以咖啡连锁店消费行为研究为例，研究人员针对消费者的来店消费行为在问卷中设计了5个题项，这与RFM指标类似，可得到其描述性统计结果。例如，Q1相当于最近购买期间，Q2相当于购买频率，Q3相当于购买金额。Q4与Q5则是店内消费行为，如消费者在店内的停留时间，以及消费者通常是自己来还是跟好友一起来。为进行集群分析，每个问题的选项都有对应的分数，这有利于获得受访者在5个市场细分变量上的定量数据。

该研究从咖啡连锁店的两个门店共回收85份有效问卷，使用K平均法集成4群，结果如表7-5所示。总的来说，第1群的人数比例最高，但这群人已经很久没到店消费，过去半年的消费次数最少，平均消费金额稍多，这代表这群人的咖啡店黏着度很低。第2群人的平均消费金额也是稍多，但到店消费的停留时间最短，属于任务导向型顾客。第3群与第4群的人数比例最低，但这群人来店消费的频率较高，来店停留时间较长，有较高的咖啡店黏着度。不同的是，第3群的顾客喜欢与好友一起来店消费，第4群的顾客则比较喜欢独自一人来店消费。

表7-5　咖啡连锁店消费行为研究的集群结果

细分变量	第1群	第2群	第3群	第4群
距离上次到咖啡店相隔多长时间？	7.56#	4.15	2.40*	2.44
在过去6个月内到咖啡店消费多少次？	2.05*	3.67	4.40	5.44#
平均每次到咖啡店消费约多少钱？	2.85#	2.85#	2.30*	2.44
每次在咖啡店内约停留多长时间？	3.95	3.26*	4.30#	4.22
每次到咖啡店，同行人数约为多少人？	3.05	2.85	3.20#	1.11*
总市场比率	46%	32%	12%	11%
门店A比率	55%	33%	5%	8%
门店B比率	38%	31%	18%	13%

注：#代表最大的群中心值；*代表最小的群中心值。

進一步將樣本分成門店A與門店B，那麼會發現門店A中占比較大的是第1群與第2群，這與在總市場中的情況一致；第3群與第4群的占比大小與在總市場中的情況相反。門店B的人數分布情況則與總市場基本一致，只是分布更均勻。對門店A來說，絕大多數客群是消費頻率較低的第1群與第2群，因此營銷策略的重點在於促使消費者提前來店消費，如贈送來店禮、不定時的打折促銷等都是合適的營銷方法。相比門店A，門店B中平均消費金額較少的第3群與第4群的比例沒那麼小。其中，第3群喜歡與朋友一起來咖啡店，因此生日禮、呼朋引伴優惠等營銷方法，都能吸引他們帶更多朋友前來消費。第4群則喜歡獨自一人來咖啡店，因此增加個人座位的設置、提供餐點套餐優惠等方法，能夠促使這群人在店內用餐，從而增加消費金額。

7.4.5 以回歸系數為集群變量

消費者的異質性是集群分析的基礎，如第7.3節提到的人口統計數據、生活形態、消費行為等都是常見的集群變量。這些消費者資料大多可以通過問卷調查或營銷數據庫搜集到，具有可觀察性。相反，消費者面對營銷策略而產生的反應（Response to Marketing Stimuli），如個人的價格敏感度或偏好結構（見第6章），更具營銷意義上的異質性，卻無法觀察。雖然回歸系數不是可觀察變量，但是通過適當的模型設定，其也可以成為集群分析的基礎。例如，有限混合模型使用模糊分群的概念，既能夠產生細分層級的回歸系數估計值，又能夠根據回歸系數產生各具特色的群別。

7.5 細分輪廓的描述與目標客群的鎖定

消費者的異質性是市場細分的基礎，可以從許多角度加以描述。例如，根據行為變量如消費動機、產品態度、購買決策等，企業可找到有相似需求或行為的一群人。即便是與消費行為低度關聯的變量，如人口統計數據，也有助於企業具體了解目標客群的模樣。不過企業進行集群分析不宜一次使用全部變量計算消費者之間的距離，而是應該先將集群變量分類，再從不同角度進行集群分析，建立多重細分市場，形成多個類別變量。而類別變量間的關聯分析，有助於描述目標客群的輪廓。

究竟該挑選哪個細分市場作為目標客群，取決於細分市場是否有較佳的獲利性與具體的輪廓。用來評估細分市場獲利性的指標有許多種，如第3章介紹的顧客價值衡量指標（如RFM分數），以及第5章介紹的通過因素分析獲得的顾客对于不同购物篮的购买意愿（即因素分数）。本节以信用卡数据库为例，根据1 260张信用卡近两年的消费记录与持卡人的人口统计数据，说明适用于描述细分轮廓与锁定目标客群的统计方法，如卡方检验与F检验。

7.5.1　利用卡方检验描述细分轮廓

企业进行市场细分之后，应再具体描述每个细分市场的特性，即描述细分轮廓（Segment Profile），这有利于企业发挥想象并制定更贴近细分市场特性的营销策略。人口统计数据因为获取容易，是最常见的市场细分变量之一。人口统计数据多为类别变量，市场细分也是类别变量，两者的关联性常使用卡方检验（Chi-Square Test）加以探讨。

以信用卡数据库为例，企业根据每张信用卡的平均刷卡次数与平均刷卡金额进行市场细分。由于平均刷卡次数与平均刷卡金额都呈现严重的右偏分布，因此采用中位数（近两年刷卡33次，单次平均消费1 604元）作为切分点，将1 260张信用卡区分成4群，如表7-6所示。其中，忠诚群的平均刷卡次数与平均刷卡金额都大于中位数；金牛群的平均刷卡金额虽多，但是平均刷卡次数较少；常刷群则是经常刷卡，但平均刷卡金额不多；游离群则是平均刷卡次数与平均刷卡金额都少。由表7-6可知，根据中位数切割出来的4个价值群的占比差异不大，都接近25%。

表7-6　顾客价值群的摘要统计

摘要统计	顾客价值群			
	忠诚群	金牛群	常刷群	游离群
平均刷卡次数	98.9	13.6	102.6	12.8
平均刷卡金额	3 174.7元	5 123.4元	934.5元	879.5元
信用卡张数	287	343	340	290
百分比	22.8%	27.2%	27.0%	23.0%

除刷卡记录之外，信用卡数据库还包括持卡人的人口统计数据，如性别、年龄、居住地区、婚姻状态、持卡卡龄等。企业适合采用交叉表（Cross Table）或列联表（Contingency Table）来描述次数分布，并通过卡方检验探讨人口统计数据中的任何一个类别变量与顾客价值群是否有显著的关系。

以持卡人性别与顾客价值群为例，二者的交叉表如表7-7所示。如果要探讨持卡人性别与顾客价值群的关系，就须进一步计算各群不同性别人数占该性别总人数的比例，并与该群人数占总人数的比例比较。为简化说明，接下来以"概率"取代比例。

表7-7　持卡人性别与顾客价值群的交叉表

性别		顾客价值群				总计
		忠诚群	金牛群	常刷群	游离群	
持卡张数	女	164	182	130	155	631
	男	123	161	210	135	629
总计		287	343	340	290	1 260

以性别为条件，顾客价值群的条件概率分布如表7-8所示。在表7-8中，4群与两个性别所对应的数据代表条件概率，最后一行则是边际概率（与表7-6相同）。例如，在持卡人为女性的631张信用卡当中，有164张信用卡是忠诚群的（见表7-7），代表在持卡人为女性的条件下，持卡人属于忠诚群的概率约为26.0%（164÷631）。将条件概率与边际概率进行比较，可知当样本范围从"全体"缩小为"女"之后，持卡人属于忠诚群的概率由22.8%增加为26.0%，这也代表忠诚群中的女性持卡人更多。

表7-8　顾客价值群的条件概率分布：以性别为条件

性别		顾客价值群				总计
		忠诚群	金牛群	常刷群	游离群	
条件概率	女	26.0%	28.8%	20.6%	24.6%	100%
	男	19.6%	25.6%	33.4%	21.4%	100%
全体		22.8%	27.2%	27.0%	23.0%	100%

换句话说，条件概率分布与边际概率分布越不一致，代表两个类别变量的关联程度越高，可通过卡方检验得到结论。统计量的数值越大，在卡方分布上对应的p值就越小。当p值小于自行设定的显著水平（即α值）时，就可宣称检验结果显著，即持卡人性别与顾客价值群有关系，适合以持卡人性别描述不同顾客价值群的特色。例如，忠诚群倾向为女性（26.0%>22.8%），金牛群倾向为女性（28.8%>27.2%），常刷群倾向为男性（33.4%>27.0%），以及游离群倾向为女性（24.6%>23.0%）。

卡方检验可通过使用SPSS中的"Crosstabs"功能实现，如图7-10所示。首先，单击"Analyze"→"Descriptive Statistics"→"Crosstabs"，进入卡方检验的设定窗口。其次，在"Row(s)"中输入人口统计变量，如性别、年龄等，在"Column(s)"中输入市场细分变量，如顾客价值群。最后，单击"Statistics"→"Chi-square"，产生卡方统计量与p值；单击"Cells"→"Row"，产生市场细分的条件概率分布，进而观察两个类别变量的关系。

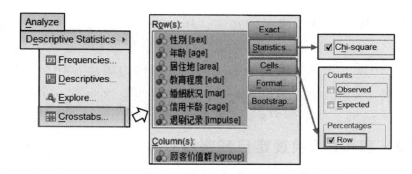

图7-10 使用SPSS进行卡方检验的步骤

　　顾客价值群与人口统计变量的卡方检验结果如表7-9所示。在设定显著水平 $\alpha=0.1$ 的情况下，性别、年龄、教育程度、婚姻状况、信用卡龄、退刷记录等都与顾客价值群有显著的关系，与居住地无显著关系。其中，年龄的计算方式是数据获取的年份减去持卡人出生年份，持卡卡龄是数据获取的年份减去信用卡申办年份，退刷记录是根据刷卡记录找出信用卡是否出现过退刷金额。表中以粗斜体标示的条件概率都超过全体百分比的1%，可用于描述顾客价值群的轮廓。

表7-9 顾客价值群之条件概率与卡方检验

全体		组别	忠诚群	金牛群	常刷群	游离群	卡方值
		对比值（百分比）	22.8%	27.2%	27.0%	23.0%	（p值）
条件概率	性别	女	**26.0%**	**28.8%**	20.6%	**24.6%**	27.34
		男	19.6%	25.6%	**33.4%**	21.4%	（.000）
	年龄	未满30	21.5%	21.1%	**38.6%**	18.8%	
		30～40	**26.5%**	19.6%	**32.2%**	21.8%	50.23
		41～50	22.1%	**31.2%**	22.4%	24.4%	（.000）
		51～60	23.6%	**32.0%**	20.8%	23.6%	
		60以上	17.3%	**35.8%**	19.1%	**27.8%**	
	教育程度	高中及以下	18.1%	**31.0%**	25.9%	**25.0%**	
		专科	18.7%	25.1%	**30.7%**	**25.5%**	25.06
		学士	**25.0%**	26.3%	27.4%	21.3%	（.003）
		研究生	**36.7%**	24.8%	19.3%	19.3%	
	婚姻状况	单身	**24.0%**	22.8%	**31.6%**	21.7%	17.62
		已婚	21.8%	**31.0%**	23.1%	**24.1%**	（.001）
	持卡卡龄	1～4年	**25.4%**	21.5%	**33.2%**	19.9%	
		5～8年	**24.7%**	**28.5%**	23.5%	23.3%	24.59
		超过8年	17.7%	**31.4%**	25.2%	**25.7%**	（.000）
	退刷记录	无退刷	13.4%	**30.4%**	26.9%	**29.2%**	209.25
		有退刷	**49.1%**	18.2%	**27.3%**	5.5%	（.000）

由表7-9可知，忠诚群倾向为女性、30多岁、至少大学本科毕业、单身、持卡8年以下、有退刷记录。金牛群倾向为女性、超过40岁、高中及以下学历、已婚、持卡5年以上、无退刷记录等。常刷群倾向为男性、40岁以下、专科学历、单身、持卡4年以下、有退刷记录。游离群倾向为女性、60岁以上、专科及以下学历、已婚、持卡超过8年、无退刷记录等。

7.5.2 利用F检验锁定目标客群

面对这么多的细分市场，企业倾向挑选获利性较佳、有发展潜力的目标客群。交易数据库里有许多定量指标可以用来评估细分市场的获利性，如消费金额、购买频率等；企业也可通过统计方法创造新的获利性评估指标，如购物篮的购买意愿。如果以定量指标衡量细分市场的获利性，则实务中常使用F检验探讨不同细分市场之间的差异，进而找出平均获利性最高的目标客群。值得注意的是，F检验要求各群数据必须服从正态分布，才能建立F统计量。

以信用卡数据库为例，现以信用卡的单次平均刷卡金额作为获利性评估指标。在使用F检验找出平均数较高的目标客群之前，应先检查样本数据是否服从正态分布，如图7-11所示。在图7-11（a）中，横坐标轴代表单次平均刷卡金额，纵坐标轴代表信用卡张数。单次平均刷卡金额的原始值呈现明显左偏分布，多数样本集中在5 000元以下的区域，少数数据散落在2万元以上的区域，并不符合F检验的要求。不过，对单次平均刷卡金额取自然对数之后，数据就趋于正态分布，从而符合F检验的要求，如图7-11（b）所示。因此，接下来的分析以单次平均刷卡金额的对数值取代原始值，作为获利性评估指标。

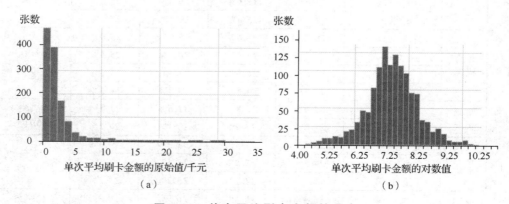

图7-11　单次平均刷卡金额的分布

现以性别细分市场的获利性为例，说明F检验的概念与应用。由表7-10可知，女性细分市场的平均获利性（$\overline{Y}_1$=7.464）高于男性细分市场（$\overline{Y}_2$=7.309），因此女性似乎比男性更适合作为目标客群。不过，由于样本只是总体的一部分，样本平均数并不能完全代表总体，企业必须将其与抽样误差一起考虑，这样推论才会合理。从F检验的角度，企业必须先确认组间差异显著大于组内差异，才能推论各组平均数并非完全相同，并根据样本平均数衡量总体（即细分市场）的获利性。

表7-10 性别细分市场的获利性

性别	平均数	标准偏差	样本数
女性	7.464	.937	631
男性	7.309	.957	629
全体	7.386	.950	1 260

组间差异来自组间平方和（Sum of Squares Among the Groups，SSA），是指各组平均数（$\overline{Y}_j$）到总平均数（$\overline{Y}$）的距离平方和之和，共有K组。以表7-10为例，性别分为两组（K=2），持卡人为女性的资料共631笔，该组样本的组平均数（7.464）到总平均数（7.386）的距离平方和为$(7.464-7.386)^2×631$。同理，持卡人为男性组的距离平方和为$(7.309-7.386)^2×629$。二者相加得到SSA≈7.568。组内差异来自组内平方和（Sum of Squares Within the Groups，SSW），是指各组组内的观察值（Y_{ij}）到组平均数（$\overline{Y}_j$）的距离平方和之和，相当于组变异数（s_j^2）乘以样本数减1（n_j-1）的结果。以表7-10为例，女性组的标准偏差为0.937，变异数为0.937^2，样本数为631，因此组内平方和为$0.937^2×630$。同理，男性组的组内平方和为$0.957^2×628$。二者相加得到SSE≈1 128.27。F检验使用的F统计量，为组间均方和（Mean of Squares Among the Groups，MSA）除以组内均方和（Mean of Squares Within the Groups，MSW）的比值。其中，均方和是平方和除以自由度的结果。以性别细分市场为例，F统计量的计算结果为8.405。该F统计量服从自由度为（K-1，N-K）的F分布。统计量的数值越大，在F分布上对应的p值就越小。当p值小于设定的显著水平（即α值）时，就可宣称检验结果显著，代表不同细分市场的平均获利性并非完全相同，能够找到平均获利性显著较高的细分市场作为目标客群。

F检验可通过使用SPSS中的"Compare Means"功能进行，如图7-12所示。首先，单击"Analyze"→"Compare Means"→"Means"，进入比较平均数

的设置窗口。其次，在"Dependent List"中选入单次平均刷卡金额的对数值，在自变量"Independent List"中选入人口统计变量，如性别、年龄等。最后，单击"Options"，在"Cell Statistics"中选入"Mean""Number of Cases""Standard Deviation"（SPSS软件部分版本中已默认选中），并在"Statistics for First Layer"中勾选"Anova table and eta"来产生F统计量与p值。

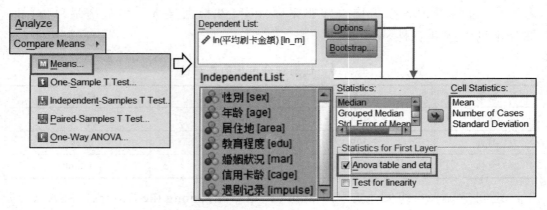

图7-12　使用SPSS进行F检验的步骤

人口统计变量与单次平均刷卡金额的对数值的F检验结果如表7-11所示。在设置显著水平$\alpha=0.1$的情况下，性别、年龄、婚姻状况、退刷记录等人口统计变量都与获利性评估指标有显著的关系，这代表各组的总体平均数并非完全相同，使得使用样本平均数进行比较有意义。同时，获利性评估指标与信用卡龄、居住地、教育程度无显著关系。表7-11中以粗斜体标示数值明显较高的平均数，以此锁定目标客群。由表7-11可知，相对于男性而言，女性是更合适的目标客群；相对于40岁及以下者而言，40岁以上者更适合作为目标客群。同理，已婚族群或曾经有退刷记录的持卡人都适合设定为目标客群。

表7-11　人口统计变量与单次平均刷卡金额的F检验结果

人口统计变量	组别	平均数	标准偏差	样本数	F值（p值）
性别	女	*7.464*	0.937	631	8.405（0.004）
	男	7.309	0.957	629	
年龄	未满30岁	7.234	0.795	223	5.034（0.001）
	30～40岁	7.282	0.925	317	
	41～50岁	*7.416*	0.924	308	

人口统计变量	组别	平均数	标准偏差	样本数	F值 （p值）
年龄	51～60岁	*7.564*	1.013	250	5.034 （0.001）
	60岁以上	*7.470*	1.085	162	
婚姻状况	单身	7.298	0.884	580	9.390 （0.002）
	已婚	*7.462*	0.997	680	
退刷记录	无退刷	7.316	1.012	930	20.032 （0.000）
	有退刷	*7.586*	0.713	330	

F检验的概念容易理解，执行起来也十分容易，但有使用限制。乍一看，F检验似乎允许利用多个细分变量界定目标客群。然而由表7-11可知，F检验一次只能讨论一个细分变量的显著性，这类似于简单回归的概念。换句话说，根据F检验的结果，企业只能将目标客群设定为"女性"或"40岁以上"或"已婚"或"有退刷记录"的持卡人。因此严格来说，F检验并不符合目标市场选择的要求，即同时以多个细分变量为基础，通过不同细分变量的交集，找出规模较小、定义明确且获利性最高的目标客群。

7.6　基于CHAID的顾客画像

7.6.1　线性回归的限制

如果要同时根据多个细分变量找到获利性最高的目标客群，那么必须先探讨多个细分变量与获利性评估指标之间的关系。对于多个自变量（$X_1, X_2, \cdots, X_k$）对因变量（Y）的影响，实务中常使用线性回归模型进行分析，模型如下：

$$Y = \beta_0 + \beta_1 X_1 + \beta_2 X_2 +, \cdots, + \beta_K X_K + \varepsilon_i \qquad (7\text{-}2)$$

式中，因变量（Y）相当于获利性评估指标，自变量（X）相当于多个细分变量。不过，使用线性回归模型去寻找目标客群可能会面临到两个问题。第一个问题是，细分变量属于类别变量。如果分为K组，那么所有数据必须先转换成（K-1）个虚拟变量，才能代入线性回归模型。例如在表7-11中，由于年龄分成5组，企业就需要将年龄转换成4个虚拟变量。因此，如果细分变量包括许多组别，那么企业势必要创造大量的虚拟变量，另外回归系数的解读也会变得非常琐碎而不直观。第二个问题是，式（7-2）中隐含一个假设，就是任何一个细分变量在获利性评估指标上的异质性与其他细分变量无关。例如，女性的平均获利性超过男性的结果不会因为持卡人处于哪个年龄层或处于何种婚姻状态而有任何改变。因此，在交互效果不存在的假设下，即使在线性回归模型中引入多个细分变量，也无法通过各组的交集来找到规模较小但平均获利性最高的目标客群。若要引入交互效果，就要在线性回归模型中加入大量的交互项，如X_1X_2、$X_1X_2X_3$等，这除了造成自由度降低之外，还会造成共线性（Multicollinearity）的问题，进而导致产生不稳定也不可信的估计结果。

7.6.2　CHAID的概念

如果想将目标客群定义为一组细分变量（类别变量）的交集，那么卡方自动互动检查法（Chi-Square Automatic Interaction Detection，CHAID）是使用最广泛的一种方法。CHAID是由1963年提出的自动互动检查法（Automatic Interaction Detection，AID）衍生而来的，其根据单一因变量与多个类别变量的关系，重复对群体进行合并和拆分，相应的分析过程可以绘制成决策树（Decision Tree）。如果因变量是定量变量，那么CHAID采用F检验来逐一探讨每个类别变量与因变量的关系；显著性较高的类别变量优先用于分组，对于无显著差异的组则加以合并。如果因变量是类别变量，那么CHAID使用卡方检验来寻找关系显著的类别变量并进行分组。

CHAID可通过使用SPSS中的"Tree"功能执行。需要注意的是，在执行CHAID之前，SPSS数据文件中的所有类别变量都必须先设定好变量标签（Label）、数值定义（Values），以及名目尺度（Nominal），如图7-13所示。本节先以定量的获利性评估指标（即单次平均刷卡金额的对数值）为因变量，说明CHAID如何使用一组细分变量找到平均获利性最高的目标客群；再以定性的顾客价值群（见表7-6）为因变量，说明如何通过CHAID找到各群最具预测力的细分变量组合。

Name	Type			Label	Values				Measure
cid	Numeric	8	0	信用卡卡号	None	...	6	潬	Nominal
id	Numeric	8	0	客户ID	None	...	7	潬	Nominal
freq	Numeric	8	0	刷卡次数	None	...	8	潬	Scale
mm	Numeric	8	1	平均刷卡金额	None	...	8	潬	Scale
ln_m	Numeric	8	4	ln(平均刷卡金额)	None	...	8	潬	Scale
vgroup	Numeric	8	0	价值群	{1, 忠诚群}...	...	6	潬	Nominal
sex	Numeric	8	0	性别	{0, 女}...	...	6	潬	Nominal
age	Numeric	8	0	年龄	{1, 未满30}...	...	6	潬	Nominal
area	Numeric	8	0	居住地	{1, 北部地区}...	...	6	潬	Nominal
edu	Numeric	8	0	教育程度	{1, 高中以下}...	...	6	潬	Nominal
mar	Numeric	8	0	婚姻状况	{0, 单身}...	...	6	潬	Nominal
cage	Numeric	8	0	信用卡龄	{1, 1~4年}...	...	6	潬	Nominal
impulse	Numeric	8	0	退刷记录	{0, 无退刷}...	...	7	潬	Nominal

图7-13　SPSS的变量检查窗口：信用卡范例

7.6.3 因变量为定量指标的顾客画像

如果因变量是定量指标，那么CHAID的分析过程相当于一连串的F检验，其在SPSS中的执行步骤如图7-14所示。首先，单击"Analyze"→"Classify"→"Tree"，进入决策树的设定窗口。其次，在"Dependent Variable"中输入平均刷卡金额的对数值，在"Independent Variable"中输入人口统计变量，如性别、年龄等。最后，单击"Criteria"，设定F检验的显著水平（α值），此处设定为0.1。如果F检验的p值小于α值，就代表组间有显著差异，须加以分组；反之，如果p值大于α值，代表组间无显著差异，就会并组。

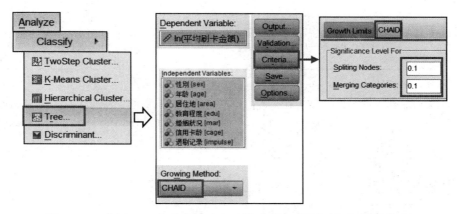

图7-14　在SPSS中执行CHAID的步骤：因变量为定量指标

CHAID的实证结果以决策树呈现，如图7-15所示。一开始显示样本共包含1 260张信用卡，总平均数为7.386。采用CHAID分析后，第1个最具区别力（F值最大）的自变量是退刷记录，有退刷群的平均刷卡金额显著高于无退刷群。在有退刷的条件下，性别最具有区别力，接下来便是没有达到显著水平的自变量。分析结果显示，持卡人为"有退刷的女性"者有显著较高的平均数（$\bar{y}$=7.657），共有178张信用卡，可视为目标客群。

另外，在无退刷的条件下，年龄是最具区别力的自变量。虽然原始资料中年龄被分为5组（见表7-11），但图7-16显示50岁以上的两组被并为一组，40岁及以下的两组也被并为一组，因为其组间差异未达到显著水平。接下来如果以50岁以上为条件，那么居住地最具有区别力；如果以41～50岁为条件，那么性别最具有区别力。分析结果显示，持卡人为"无退刷、50岁以上且居住在东南、西南地区"者有显著较高的平均数（$\bar{y}$=7.743），共有115张信用卡；而"无退刷、41～50岁且为女性"者亦有显著较高的平均数（$\bar{y}$=7.507），共有107张信用卡，这两群都可视为目标客群。

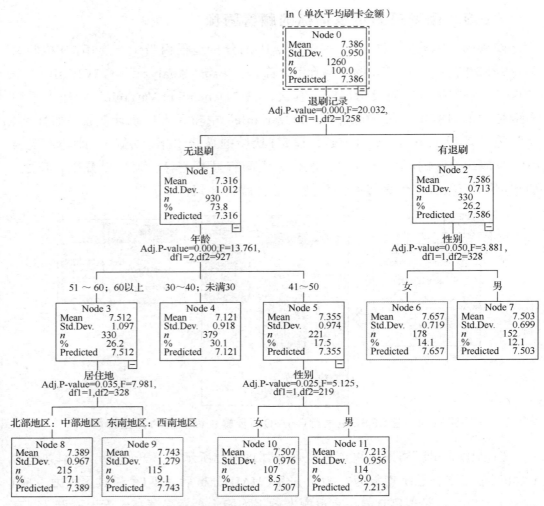

图7-15　决策树：以获利性评估指标为因变量

　　由决策树的结构可知，CHAID使用具有区别力的自变量对样本一直进行切割，直到组间差异不显著为止。因此，原始样本一定要够大，切割到最后得到的子样本才会有足够的样本数并具有一定的代表性。例如，原始样本为1 260张信用卡，通过CHAID切割出来的3个目标客群，包括"有退刷的女性""无退刷、50岁以上且居住在东南、西南地区""无退刷、41～50岁且为女性"等，都包含100多张信用卡，因此具有代表性。

7.6.4　因变量为定性指标的顾客画像

　　如果因变量是定性指标，即类别变量，那么CHAID的分析过程相当于一连串的卡方检验。SPSS的执行步骤与图7-14一样，只是在"Dependent Variable"中要输入顾客价值群（见表7-8），实证结果如图7-16所示。该决策树起初也显示样本共包含1 260张信用卡，4个价值群的全体比例都接近1/4。采用CHAID分析后，第1个最具区别力（卡方值最大）的自变量也是退刷记录；而在有退刷与无退刷的条件下的4群比例，都与原始情况截然不同。

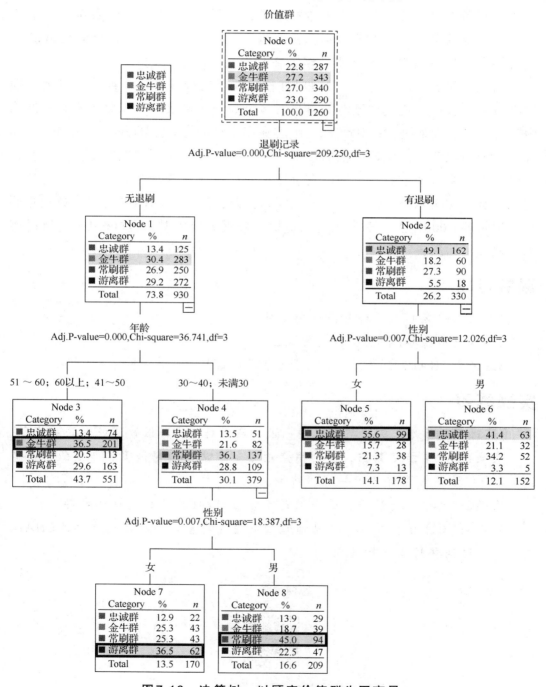

图7-16　决策树：以顾客价值群为因变量

切割到最后，顾客价值群的条件概率达到最高的自变量组合，就显示出该群的顾客特性。例如，忠诚群的最高条件概率为55.6%，代表持卡人最倾向为"有退刷的女性"；金牛群的最高条件概率为36.5%，代表持卡人最倾向为"无退刷且年龄在40岁以上"；常刷群的最高条件概率为45.0%，代表持卡人最倾向为"无退刷且年龄在40岁及以下的男性"；游离群的最高条件概率为36.5%，代表持卡人最倾向为"无退刷且年龄在40岁及以下的女性"。

由此可见，虽然通过卡方检验和F检验能够对顾客在每个细分变量上分别加以检验，但由于真实的顾客同时具有多个细分变量属性，因此企业无法准确为顾客画像。而通过CHAID实现对顾客在多个细分变量上的分类，能锁定目标客群，为精准营销提供理论依据。这一方面有利于企业更精准地维护老顾客，做好客户关系管理；另一方面则有利于企业开发新顾客，减少普遍撒网导致的资源浪费。在实际操作过程中有一点需要注意。那就是CHAID对样本数量有要求，通常要1 000以上。笔者在对某房地产数据做分析时，是600以上。所以实务上要灵活运用各种方法。

课后习题

1. 物以类聚和人以群分的区别是什么？
2. 卡方检验和F检验有哪些局限性？
3. 基于CHAID的顾客画像有什么条件限制？

实操练习

【实操目的】对本章所学知识逐一进行实操练习，真正做到理论联系实际。

实操1：对于给定数据，分别用层级式集群法（华德法）和非层级式集群法（K平均法）做集群分析并解读结果。

实操2：对于给定数据，分别通过卡方检验和F检验锁定目标客群。

实操3：对于给定数据，分别通过因变量为定量指标和定性指标的CHAID进行顾客画像并解读分析结果。

如何实现实操3